外国知识产权法律译丛

美国著作权法

杜　颖　张启晨◎译

知识产权出版社

全国百佳图书出版单位

图书在版编目（CIP）数据

美国著作权法/杜颖，张启晨译. —北京：知识产权出版社，2012.2（2018.9重印）

（外国知识产权法律译丛）

ISBN 978－7－5130－1004－7

Ⅰ.①美… Ⅱ.①杜…②张… Ⅲ.①著作权法—美国 Ⅳ.①D971.23

中国版本图书馆 CIP 数据核字（2011）第 254537 号

内容提要

本书为美国著作权法最新中文译本。内容包括：著作权的客体和范围、著作权的归属和转让、著作权的存续期间、著作权标记、交存物品和登记、著作权侵权和救济、进口和出口、版权局、版税裁判官程序、数字音频录音设备和介质、录音作品和音乐视频、著作权保护和管理制度等章。

读者范围：知识产权法学的研究人员及高校师生。

责任编辑：卢海鹰	责任校对：董志英
装帧设计：卢海鹰	责任印制：卢运霞
特邀编辑：廖敏艳	

外国知识产权法律译丛

美国著作权法

杜　颖　张启晨　译

出版发行：**知识产权出版社** 有限责任公司	网　　址：http：//www.ipph.cn
社　　址：北京市海淀区气象路 50 号院	邮　　编：100081
责编电话：010－82000860 转 8122	责编邮箱：bjb@cnipr.com
发行电话：010－82000860 转 8101/8102	发行传真：010－82000893/82005070/82000270
印　　刷：北京虎彩文化传播有限公司	经　　销：各大网络书店、新华书店及相关销售网点
开　　本：880mm×1230mm　1/32	印　　张：7.25
版　　次：2013 年 1 月第 1 版	印　　次：2018 年 9 月第 2 次印刷
字　　数：200 千字	定　　价：26.00 元

ISBN 978-7-5130-1004-7/D·1380（3876）

出版说明

知识产权出版社自成立以来一直秉承"为知识产权事业服务、为读者和作者服务、促进社会发展和科技进步"的办社宗旨，竭诚为知识产权领域的行政管理者、高校相关专业师生、法律实务工作者以及社会大众提供最优质的出版服务。

为满足国内学术界、法律实务界对相关国家知识产权法律的了解、学习及研究需求，知识产权出版社组织国内外相关法学知名学者翻译出版了这套"外国知识产权法律译丛"，涉及的外国法律主要包括美国、法国、德国、日本等国家的最新专利法、商标法、著作权法。陆续出版的相关法律（中文译本）包括：《外国专利法选译》《日本商标法》《日本著作权法》《法国知识产权法典》《美国专利法》《美国商标法》《美国著作权法》《德国著作权法》《德国商标法》等，其他具有代表性的国家或洲际的知识产权法律中文译本也将适时分别推出。

真诚期待各位读者对我们出版的本套丛书提出宝贵意见。

知识产权出版社

目　　录

美国著作权法❶

第1章　著作权❷的客体和范围

101 条❸　定义

除非本法另有规定，本法中下列用语及其变体形式的含义如下：

匿名作品，是指复制件或录音制品上没有自然人署名为作者的作品。❹

---

❶　本译文包括了截至 2010 年 12 月 9 日美国国会通过的《著作权清理、说明及订正法案》（*Copyright Cleanup，Clarification，and Correction Act of 2010*）（《公共事务法》111－295 号）对美国著作权法所作出的全部修订。现行美国著作权法将半导体芯片产品的保护（Protection of Semiconductor Chip Products）以及原创设计的保护（Protection of Original Designs）分别放在第 9 章和第 13 章，但因为这两种保护与作品保护性质上不同，本译本没有包括这两章的内容。

❷　依据《中华人民共和国著作权法》，我国立法中"版权"和"著作权"是同义词。除遵循惯例外，本书在多数地方将"Copyright"译为"著作权"，以符合约定俗成的提法。

❸　本译文没有按我国法条排序习惯在条款号码前加"第"字，译为"第××条"，因为该法中的 101 条并非指"第一百零一条"而是"第一章第一条"，如果译为第 101 条，可能有误解。

❹　美国法中并不一般地排除法人可以成为作者，但从这里看出美国法是排除"法人署名权"这一精神权利的。参见：郑成思. 版权法 [M]. 北京：中国人民大学出版社，2009：312.

建筑作品，是指任何以有形形式表现的设计，包括建筑物、建筑方案和设计图。建筑作品包括总体结构以及设计中的空间与构成要素的安排和布局，但不包括单个的标准要素。

视听作品，是由一系列连续的相关影像组成，本身是要借助诸如投影仪、幻灯机或电子设备等机器装置放映的作品。有的视听作品有伴音，但判断是否构成视听作品不论固定作品的物质载体（如胶片、磁带等）的性质。

《伯尔尼公约》是指1886年9月9日在瑞士伯尔尼签订的《保护文学和艺术作品伯尔尼公约》，以及有关会议决定、议定书及文本的修订。

作品的最佳版本，是指在收录之日前在美国出版的，由美国国会图书馆认定为最适合其收藏❶的作品版本。

自然人的子女，是指该自然人的直系后代，不论是否为婚生，也包括由该自然人合法收养的子女。

集合作品，是指诸如期刊、选集、百科全书等，由可分割且独立的诸多文稿作品组合而成的一个整体。

汇编作品，是指将已有的资料或数据汇集起来，经过选择、

---

❶　美国国会图书馆的职责是利用馆藏资源为国会与美国人民服务，所以为后代收藏、保存记载人类知识和创造性的馆藏是其主要职能之一。国会图书馆的藏书方针及选书准则：（1）为美国国会和广泛意义上的美国政府服务，所以要拥有全部议员和官员执行公务所需的图书资料，既保存一个完整的关于美国历史和发展的记录；又必须包容全人类的知识以满足国会和政府目前和潜在的需要。维护世界上最大的记录人类知识的宝库，利用其资源提供服务是国会馆的基本任务。（2）国会图书馆面向美国学术界，所以该馆拥有全部记录美国人民生活及所取得成就的图书及资料。同时学者使用的馆藏涉及跨学科的各种科学、交叉文化、多媒体、多语种。（3）为普通公众服务，能提高公众的创造力和智力，体现图书馆对国家富强和将来发展的重要性，增强了图书馆的社会教育作用，既促进了思想的自由交流，又通过展示美国社会形态和民族历史的可靠记录而突出了爱国主义教育，所以只要资料与美国人民有关就予以收藏。资料来源于〔EB/OL〕．〔2011-03-21〕．http：//www.chnlib.com/Gwtsg/1265.html．

组合、编排形成的作品。汇编作品作为一个整体，构成原创作品。汇编作品包含集合作品在内。

计算机程序，是指为了得到某种结果而直接或间接应用于计算机之中的一系列语句或指令。

复制件，是指不同于录音制品的物质载体，作品被现在已知或者后来开发的方法固定于该物质载体中，直接或者间接借助于机器装置可以感知、复制或传播物质载体中的作品。复制件包含作品被首次固定的物质载体，但不包含录音制品。

著作权人，是指著作权所包含的任何一项专有权利的享有者。

版税裁判官，是指根据本法 802 条指定的版税裁判官，并包含任何根据该条规定指定的临时版税裁判官。

作品创作完成，是指该作品首次被固定在复制件或者录音制品上：如果作品是经过一段时间创作的，作品在完成前任一时间被固定时，就构成这一时间点上的作品；作品创作有不同版本的，每一版本构成独立的作品。

演绎作品，是指基于一个或多个已有作品而创作产生的作品，例如，通过翻译、编曲、编剧、编成小说、改制成电影、录音、艺术再现、节略、简写等形式对已有作品进行改写、改变或改编。作品经编辑修改、注释、详解或进行其他改动后，整体构成原创作品的，是演绎作品。

装置、机器和方法，是指现在已知或者后来开发的装置、机器或者方法。

数字传输，是指全部或者部分以数字格式或其他非模拟格式进行的传输。

展示作品，是指直接或者以胶片、幻灯片、电视图像和其他装置或方法呈现作品的复制件。但作品是电影或其他视听作品的，只能以非连续的单张图片的形式呈现该复制件。

商业机构，是指商场、商店或者任何类似向大众开放的旨在出售货物或服务的商业场所。此类场所总面积的大部分用于商业目的，而非用于居住。在这些店铺内，非戏剧性音乐作品向公众播放。

经济收益，是指收到或者期望收到任何具有价值的事物，包括收到其他版权作品。

以有形形式固定作品，是指作者本人或者经由作者授权后，作品被相对持久或稳定地包含在复制件或者录音制品内，足以对作品进行感知、复制或者不仅仅是短暂临时性地传播。由声音、影像或二者共同构成的作品，在播送的过程中同时伴有固定行为的，也是本法意义上的固定。

餐饮机构，是指餐厅、旅店、酒吧、酒店或者任何其他类似的旨在向聚集在一起的公众或者顾客提供食物或饮料的商业场所，此类场所总面积的大部分用于商业目的，而非用于居住。在这些店铺内，非戏剧性音乐作品向公众播放。

《日内瓦录音制品公约》，是指 1971 年 10 月 29 日在瑞士日内瓦缔结的《保护录音制品制作者防止未经许可复制其录音制品公约》。

商业机构的总面积，是指其全部的内部空间，以及用于服务顾客的相毗连的铺外空间，铺外空间的使用不论是季节性的使用还是以其他方式使用。

"包含"和"例如、诸如"是非限定性例示的意思。

国际协定是指——

（1）《世界版权公约》；

（2）《日内瓦录音制品公约》；

（3）《伯尔尼公约》；

（4）《WTO 协定》；

（5）《世界知识产权组织版权条约》；

（6）《世界知识产权组织表演和录音制品条约》；和

（7）美国加入的其他任何版权协定。

合作作品，是指由两人或两人以上合作创作的作品，作者将其创作部分合并为不可分的或者相互关联的一个整体。

文字作品，是指以文字、数字和口头或数字符号及标记形式表现出来的不同于视听作品的作品，不论固定作品的物质载体的性质，诸如图书、期刊、手稿、录音、胶片、磁带、磁盘、卡片等。

电影放映设施，是指电影院、放映室或主要用于放映版权电影的其他场所，但该放映行为是向公众开放或者是面向家庭圈成员及其社交对象以外的观众群体的。

电影，是指由一系列相关影像组成的视听作品，连续放映影像时形成活动的印象，有伴音的则包括伴音一起。

表演作品，是指直接或者借助装置或其他方法朗诵、演奏、演说、舞蹈、扮演作品的行为。作品是电影或其他视听作品的，表演是指以任意的顺序放映影像或者使得伴音能够被听见。

表演权协会，是指诸如美国作曲家、作者和出版者协会、广播音乐公司、西赛克表演权协会等代表著作权人许可公开表演非戏剧性音乐作品的组织、公司或单位。

录音制品，是指以任何已知或者后来开发的方法，固定声音的物质载体，不包括电影或其他视听作品的伴音，直接或借助于装置或方法可以感知、复制或者传输作品。录音制品包括首次固定有这种声音的物质载体。

绘画、图表和雕塑作品，包括平面和立体的美术作品、图表、实用艺术、照片、拓印和翻拍、地图、地球仪、图表、模型、技术图纸、建筑平面图等在内的作品。绘画、图表和雕塑作品还应包括艺术工艺，但不包括其技术方案和实用功能。根据本条规定，只有实用物品的外观设计具有的绘画、图表和雕塑作品的特征能够与实用功能分离，且能单独存在时，该外观设计才可视为绘画、图表和雕塑作品。

513条规定的经营者是指拥有商业机构、餐饮机构的个人、公司、合伙或其他机构。除此之外，任何情形下也不能将下列个人或单位视为经营者：经美国联邦电信委员会批准成立的广播电台、电视台的拥有者或管理者、有线电视系统或卫星转播机构、有线电视服务的提供者或节目提供者、卫星转播服务的提供者或节目提供者、网络服务提供者、网络接入提供者、设备运营商以及其他所有现在已知和将来开发的音频或视听服务的提供者或节目提供者，以及商业音乐订阅（音乐月费）❶ 服务者和其他传输服务的拥有者或管理者。

假名作品，是指复制件或者录音制品上署有作者假名的作品。

出版，是指通过出租、出借以及出售或者其他转移所有权的方式向公众发行作品的复制件或者录音制品的行为。旨在进一步发行、公开表演或公开展示作品且向一群人发行复制件或录音制品的行为构成出版行为。公开表演或展示作品的行为本身不构成出版行为。

公开表演或展示作品，是指——

（1）在向公众开放或聚集有大量的家庭圈成员及其社交对象以外的人群的场所表演或展示作品；或

（2）借助任何装置或方法向公众或者在第（1）项规定的场所，播送或以其他方式传播表演或展示作品的行为，不论有能力收到播送内容或展示的公众是否同时或在同一地点接收到播送的内容。

登记，是指根据205条（c）款第（2）项、405条、406条、410条（d）款、411条、412条、506条（e）款的规定，对著作权最初保护期间、续展或延长保护期间的权利主张进行登记的行为。

录音作品，是指由一系列被固定的音乐、语音或者其他声音产生的作品，但不包括电影和其他视听作品的伴音，不论固定录音作品的物质载体的性质，如可以是磁盘、磁带、唱片等。

州，包括哥伦比亚特区、波多黎各自由邦在内的由国会法确

---

❶ 商业音乐订阅服务是一种发展中的商业模式，如彩铃、视频回铃音等。

定的任何适用本法的美国领地。

著作权的转移，是指对著作权或著作权中的任何专有权利的转让、抵押、独占许可或者其他任何方式的让与、让渡、出质的行为，不论是否限制该行为发生效力的时间或地点，但不包括非独占许可。

播出的节目，是指旨在顺次且作为一个整体向公众播放而制作的一批资料的集合。

播送表演或展示，是指通过装置或方法将表演或者展示向其他地点传输，接收传输图像或声音的目的地应与表演或者展示现场不同。

协定成员，是指除美国以外的参加美国加入的国际条约的任何国家或政府间组织。

地理意义上的美国，是指数个州、哥伦比亚特区、波多黎各自由邦和由联邦政府管辖的领地。

根据 411 条规定的主旨，符合下列条件的作品是美国作品——

（1）已出版的作品，首次出版应符合：

（A）在美国境内出版；

（B）同时在美国境内和另一个协定成员国家出版，该国家法律规定的著作权保护期间不短于美国法律规定的保护期间；

（C）同时在美国境内和非协定成员国家出版；或

（D）在非协定成员国出版，但该作品的所有作者是美国公民、常住居民或在美国定居，作品为视听作品的，该作品的作者是总部设在美国的法人；

（2）作品未出版的，作品的所有作者是美国公民、常住居民或在美国定居，作品为未出版的视听作品的，该作品的所有作者是总部设在美国的法人；或

（3）绘画、图表和雕塑作品是建筑物或构筑物一部分的，该建筑物或构筑物位于美国境内。

实用物品，是指不仅仅具有描绘物品外观或传递信息的内在

实用功能的物品。通常作为实用物品一部分的物品视为实用物品。

作者的遗孀或者鳏夫，是指作者死亡时健在的，作者住所地法律承认的配偶，不论该配偶后来是否再婚。

《世界知识产权组织版权条约》，是指 1996 年 12 月 20 日在瑞士日内瓦缔结的《世界知识产权组织版权条约》。

《世界知识产权组织表演和录音制品条约》，是指 1996 年 12 月 20 日在瑞士日内瓦缔结的《世界知识产权组织表演和录音制品条约》。

视觉艺术作品是指——

（1）存在于单一复制件上，或者发行数以 200 份为限且由作者署名并依次编号的绘画、图画、照片或雕塑作品；作品为雕塑作品的，该雕塑被重复铸造、雕刻或制造的数量以 200 件为限，由作者依次编号，并附有作者签名或其他识别作者的标记。

（2）作品为旨在展览而拍摄的静态摄影图像的，依附于单一复制件上且由作者签名，或发行数以 200 份为限，由作者署名并依次编号。

视觉艺术作品不包括——

（A）（i）海报、地图、地球仪、图表、技术图纸、图样、模型、实用艺术、电影及其他视听作品、图书、杂志、报纸、期刊、数据库、电子信息服务、电子出版物以及类似出版物；

（ii）任何商品或用于广告、促销、说明、覆盖、包装的资料或容器；

（iii）第（i）项或第（ii）项中规定的物品的部分或部件；

（B）雇佣作品；或

（C）不受本法保护的作品。

美国政府作品，是指美国政府官员或雇员履行其职责创作的作品。

雇佣作品是指——

（1）雇员在职务范围内创作的作品；或

（2）为特定目的而订购或委托创作的作品，包括集合作品组成部分、电影或其他视听作品的一部分、翻译作品、增补本作品、汇编作品、说明书、试卷或试卷的答案、地图集，但必须是当事人共同签署书面文件，明确约定该作品是委托作品。前文规定的增补本作品，是指为了对其他作品进行介绍、总结、注解、解释、修订、注释，或帮助其使用而在其他作品之后附属出版的作品，诸如序言、后记、图解、地图、图表、目录、编者按语、音乐编排、试卷的答案、参考书目、附录、索引等辅助其他作品使用的作品。说明书，是指为了有序地指导使用行为而创作出版的文字、绘画或图解作品。

在判定作品是否可以被视为第（2）项规定的委托作品时，由《公共事务法》❶ 第 106～113 号 1000 条（a）款第（9）项颁布施行的 1999 年《知识产权和电信综合改革法》1011 条（d）款构成的修正条款，以及该修正条款对文字的删减——

（A）都不应当视为具有或被赋予了法律效力；或

（B）都不应当解释为或推断出国会认可或不认可，或默认法院、版权局作出的任何司法决定。解释第（2）项时，应当认

---

❶ 此处所译"公共事务法"的英文原文为"public law"。之所以没有采用"公法"的译法，是因为这里的"public law"并不是我们经常提到的公法和私法（private law）划分中与私法相对的公法。在美国，国会通过的法律有两种，一种称为"public law"，也即我们所称的公共事务法，它针对的是一般公众的法律；另一种称为"private bills"，是仅针对个体的私人、团体或公司作出的法律。公共事务法要通过国会两院审议，并由总统签署。针对私人事务的法律则一般只需要在众议院通过，因为众议院直接由私人民众的代表组成，而参议院的议员代表的是各州。一般来说，私人事务法解决的是个人与行政机关的关系。但由于个人纠正行政机关行政管理行为的途径越来越多，因此美国国会现在很少再通过私人事务法。译者感谢美国 Fordham Law School 的 George W. Conk 教授对此问题作出的详细解释，关于此问题比较完整的解释可登录以下网站查阅：http://www.dummies.com/how—to/ content/building—a—bill—in—congress. html.

为 2000 年《委托作品和著作权更正法》和由《公共事务法》第
106～113 号 1000 条（a）款第（9）项颁布施行的 1999 年《知
识产权和电信综合改革法》1011 条（d）款构成的修正条款没有
施行，也不考虑国会是否知晓任何时候作出的司法决定或对这些
决定没有作出反应。

《WTO 协议》和 WTO 成员的含义，由《乌拉圭回合协定
法》第 2 条第（9）项和第 2 条第（10）项分别加以规定。

102 条　著作权的客体：一般规定❶

（a）根据本法规定，本法保护的作品，是指以现在已知或者
未来开发的有形形式固定的具有原创性的作品，直接或借助于机
器设备可以感知、复制或者传播作品。著作作品包括下列形式：

（1）文字作品；

（2）音乐作品，包括歌词在内；

（3）戏剧作品，包括伴音在内；

（4）哑剧和舞蹈作品；

（5）绘画、图表和雕塑作品；

（6）电影和其他视听作品；

（7）录音作品；和

（8）建筑作品。

（b）任何情形下，都不得将对原创作品的著作权保护延伸
至思想、程序、过程、系统、操作方法、概念、原理、发现，不
论这些内容在作品中以何种形式阐述、说明、解释或体现。

103 条　著作权的客体：汇编作品和演绎作品

（a）102 条规定的著作权的客体包括汇编作品和演绎作品，

---

❶　此条规定了两个重要原则，即原创性的作品仅固定在有形体的介
质上才受保护，以及著作权无论如何不保护作品的思想、程序、过程、系
统、操作方法、概念、原理和发现。其他国家则鲜有要求作品固定下来才
给予保护的。

对利用已存在版权的资料创作的作品的保护，不延及这些作品中非法使用已存在版权的资料的部分。

（b）汇编作品和演绎作品中的著作权只延及此类作品作者创作的不同于作品中采用的已存在版权的资料的部分，这表示，著作权不包含对已有资料享有任何专有权利。汇编作品和演绎作品的著作权是独立的，并不影响或扩大已存在版权的资料的著作权保护的范围、期间、存续。

104 条　著作权的客体：来源国

（a）未出版作品——102 条和 103 条规定的作品未出版的，不论作者的国籍或住所在何处，一律受本法保护。

（b）已出版作品——102 条和 103 条规定的作品若已出版，符合下列条件之一的，受本法保护：

（1）在作品首次出版之日，作品的作者中有一人或多人具有美国国籍或在美国有住所，或具有协定成员国国籍或在协定成员国有住所、或是协定成员之一的主权国家，或为无国籍的人而不论其住所在何处；或

（2）作品首次在美国境内出版，或者首次在协定成员国出版；或

（3）作品是录音作品的，首次在协定成员国内录制；或

（4）绘画、图形和雕塑作品是建筑物或构筑物一部分的，或者建筑作品包含于建筑物中的，该建筑物或构筑物位于美国或协定成员国境内；或

（5）由联合国或联合国专门机构或美洲国家组织首次出版的作品；或

（6）总统令声明为保护范围内的作品。在任何时候如果美国总统发现，其他国家将著作权的保护延及具有美国国籍或住所地在美国的作者的作品，或者首次在美国境内出版的作品，并且该国对这些作品的保护与该国对具有本国国籍、住所地在本国的作者的作品以及首次在本国境内出版的作品的保护基本上相同，总

统就可以发布命令将本法保护的作品范围延及作品首次出版之日，作者中有一人或多人具有该国国籍或住所在该国的作品，或该主权国的作品，抑或首次在该国境内出版的作品。根据情况，总统可以修改、中止、撤销任何此类命令或者对命令的保护附加任何的条件和限制。作品在非协定成员国境内出版后 30 日内在美国或协定成员国境内出版的，视为第（2）款规定的首次在美国或协定成员国境内出版。

（c）《伯尔尼公约》的效力——不得依据或根据《伯尔尼公约》及美国政府遵守条约的规定，主张可以受本法保护的作品享有任何的权利或利益；不得依据或根据《伯尔尼公约》及美国政府遵守条约的规定，扩大或缩减本法、联邦或州的制定法及普通法规定的可以受本法保护的作品的任何权利。

（d）录音制品条约的效力——不论（b）款如何规定，不得仅仅依据美国政府遵守《日内瓦录音制品公约》或《世界知识产权组织表演和录音制品条约》，主张录音作品以外的作品受本法保护。

104 条之二　恢复保护作品❶的著作权

（a）自动保护和期间——

（1）期间——（A）根据本条规定，恢复保护作品在恢复保护之日自动获得著作权。

（B）按照本条规定恢复著作权保护的作品的著作权存续时间为假设它在美国境内没有进入过公有领域而应该在美国受保护的剩余保护期限。

（2）例外——著作权曾被外侨资产管理处享有或管理的作

---

❶　1996 年，在美国已经进入公有领域但在来源国还仍然受著作权或邻接权保护的某些作品自动恢复著作权保护，但权利人应该通知相关主体其是否想要实施权利。其中有一种通知方式就是向美国版权局提出意图实施恢复著作权的通知。相关内容可参见美国版权局网站：http：/www. copyright. gov/gatt. html.

品，其恢复保护的著作权属于政府或政府执行机构的，不是恢复著作权保护的作品。

（b）恢复保护著作权的归属——恢复保护作品属于其来源国法律确定的该作品的作者或最初的权利人原始所有。

（c）提交意图实施恢复作品著作权保护的通知——自作品恢复保护之日起，恢复保护作品的著作权或著作权中任何专有权利的享有者，可以向版权局提交旨在实施其著作权或专有权利保护的通知，也可以直接向相关主体发出通知。对相关主体而言，通知自版权局收到时生效，但不得推定通知中主张的事实具有法律效力。如果是向相关主体直接发出的通知，则在相关主体实际知晓该通知并了解通知的内容时，通知才生效。

（d）恢复保护著作权的侵权救济——

（1）没有相关主体时，恢复作品著作权保护的实施——在针对非相关主体提出权利请求的情形下，权利人可针对作品恢复保护之日起实施的侵犯恢复保护的著作权的行为，获得本法第5章规定的救济。

（2）针对相关主体实施恢复著作权保护——在针对相关主体提出权利请求的情形下，如满足下列各款的规定，就作品恢复保护之日起开始的侵犯恢复保护著作权的行为，权利人可获得本法第5章规定的救济，第（3）款、第（4）款规定的除外：

（A）（i）恢复保护的著作权或著作权中任何专有权利的享有者或其代理人，在恢复保护之日起24个月内向版权局提交意图实施其恢复保护的著作权的通知；且，

（ii）（Ⅰ）相关侵权活动始于《联邦公报》发布该通知之日起的12个月后；

（Ⅱ）如果相关侵权活动始于（Ⅰ）项中规定的12个月期间结束之前，并持续至12个月期间结束之后的，只有12个月期间

结束之后发生的侵权才能获得救济；❶ 或

（Ⅲ）在《联邦公报》发布通知之后，制作根据本条著作权恢复保护的作品的复制件或录音制品的；

（B）（i）恢复保护的著作权或著作权中任何专有权利的享有者或其代理人，向相关主体发出意图实施其著作权或专有权利保护的通知；且

（ii）（Ⅰ）相关侵权开始于收到通知之日起的 12 个月之后；

（Ⅱ）相关侵权开始于（Ⅰ）项中规定的 12 个月期间结束之前，并持续至 12 个月期间结束之后的，只有 12 个月期间结束之后发生的侵权才可获得救济；或

（Ⅲ）在收到通知之后，制作根据本条著作权恢复保护的作品的复制件或录音制品的；

如果权利人发出了（A）、（B）两款规定的两种通知的，12 个月的期间从发布通知或送达通知中较早之日起算。

（3）已存在的演绎作品——

（A）如果基于恢复保护作品创作了演绎作品：

（i）恢复保护作品的来源国在《乌拉圭回合协定法》施行之日是适格国家的，演绎作品在该法施行之前创作完成，或

（ii）恢复保护作品的来源国在《乌拉圭回合协定法》施行之日不是协议成员国的，演绎作品在该来源国成为适格国家之前创作完成，

如果相关主体已经为那些不依据本款规定仍可能构成侵权的

---

❶ 这个 12 个月的期间被美国学者称为"清除存货期间（sell－off period）"。也就是说，当相关主体在作品恢复保护前从事了复制等行为，产生了作品复制件，那么应该允许其在作品恢复保护后将这些存货处理掉，而不认为其构成侵权。但美国联邦第二巡回上诉法院在 2007 年的 Troll Co. v. Uneeda Doll Co. 一案的判决中明确指出，行为的开始时间应该为 1994 年 12 月 8 日以前，并持续到 1994 年 12 月 8 日之后，如果行为发生了中断，则不可以适用此项规定。See Troll Co. v. Uneeda Doll Co. 483 F. 3d 150（C. A. 2（N. Y.），2007）.

作品使用行为支付报酬的，它就可以在恢复保护著作权存续期间继续利用该演绎作品。

（B）双方未能达成一致的，赔偿的数额应由向联邦地区法院提起的诉讼决定，赔偿既应当反映出相关主体继续利用作品的行为对恢复保护作品实际或潜在市场价值所造成的损害，也应当考虑补偿恢复保护作品作者和相关主体对演绎作品的表现形式所作出的相应贡献。

（4）关于相关主体的侵权起算日期——根据 412 条，在存在相关主体时，如果恢复保护的作品受著作权保护则构成侵权的行为开始于恢复日前，则侵权行为应认定为开始于登记之前。

（e）意图实施恢复作品著作权保护的通知——

（1）向版权局提交的意图通知——

（A）（i）向版权局提交的旨在实施恢复作品著作权保护的意图通知，应当由根据（d）款第（2）项（A）目（i）规定提交通知的恢复保护著作权或其中的专有权利的享有者（下文简称"权利人"）或其代理人签名。通知中应当包括：恢复保护作品的名称、该名称的英文译名以及权利人已知的其他能够表示该作品的名称、能够联系上权利人的地址及电话号码。通知如果是由代理人签名的，通知提交前，应当以书面形式明确代理关系并由权利人签名。版权局可以制定条例以具体规定要求通知提供的其他信息，但，未能够提供其他信息并不导致通知无效，也不得借此拒绝在《联邦公报》上列出该恢复保护作品。

（ii）恢复保护作品没有正式名称的，应当在意图通知中详细描述以确定该作品。

（iii）已提交的通知中存在轻微错误或疏漏的，可在意图通知提交后的任何时间提出的附加通知中加以改正。在（d）款第（2）项（A）目（i）规定的期间之后，可以接受对这些轻微错误或疏漏的修改通知。应当依照（B）款规定，在《联邦公报》上公布此类通知。

（B）（i）版权局局长在收到意图实施恢复作品著作权保护的

通知后，自特定国家恢复保护之日起 4 个月内，开始在《联邦公报》中公布确认恢复保护的作品及其所有权，并在 2 年期间内，每 4 个月公布一次。

（ii）版权局公共信息办公室中应当至少留存有一份包含全部意图通知的名录，并根据 705 条和 708 条的规定在正常工作时间内供大众查询和复印。

（C）版权局局长有权收取合理的费用，以补偿接收、处理、记录和公布意图实施恢复作品著作权保护的通知及相关修改通知所需的成本。

（D）（i）美国版权局应该最迟在《乌拉圭回合协定法》101 条（d）款第（15）项规定的与贸易有关的知识产权协定在美国生效前的 90 日，在《联邦公报》上发布有关条例，规范如何提交本款规定的意图实施恢复作品著作权保护的通知。

（ii）条例应当允许恢复著作权的著作权人同时提交恢复保护著作权的登记。

（2）向相关主体发出的意图通知——

（A）在著作权恢复保护之日后的任何时间，权利人都可以向相关主体发出意图实施恢复作品著作权保护的通知。

（B）向相关主体发出的意图实施恢复作品著作权保护的通知，应当由权利人或其代理人签名。应当在通知中尽可能足够详细地明确指出恢复保护的作品，如果有的作品使用了该作品，则要同样足够详细地明确指出使用了该作品的相关作品。通知中还应当包括上述作品名称的英文译名、权利人已知的表示该作品的其他名称、权利人禁止的使用作品的方式和能够联系上权利人的地址及电话号码。如果通知是由代理人签名的，通知发出前，应当以书面形式明确代理关系并由权利人签名。

（3）重大失实陈述的后果——在与意图实施恢复作品著作权保护有关的任何通知中故意作出的重大失实陈述，将致使所有与该恢复著作权保护有关的主张和声明无效。

（f）担保责任和相关责任的免除——

（1）一般规定——担保、承诺或保证特定作品没有侵犯106条赋予的专有权利的，而根据本条恢复著作权保护的规定则担保人、承诺者或保证人会违反其担保、承诺或保证，如果担保、承诺、保证是在1995年1月1日前作出的，则他们不承担制定法、衡平法、仲裁、行政救济上的责任。

（2）履行——如果履行义务是在1995年1月1日前承担的，而根据本条恢复著作权保护的规定，该履行行为构成侵权，则不得再要求该行为得以履行。

（g）关于恢复著作权保护的总统令——总统一经发现其他国家将恢复著作权保护的作品范围延及具有美国国籍或住所地在美国的作者的作品，并且该国对这些作品保护基本上与本条的规定相同，总统就可以发布命令将本条保护的作品范围延及——

（1）作品首次出版之日，作者中有一人或多人具有该国国籍或住所地在该国的作品，或该国的主权国作品，或

（2）首次在该国境内出版的作品。

总统可以修改、中止、撤销任何此类命令或者对命令的保护附加任何的条件和限制。

（h）定义——适用于本条和109条之二的规定

（1）"加入之日"或"宣告之日"，是指《WTO协定》在美国生效之日、非《伯尔尼公约》或非WTO成员的国家满足下列条件之一的日期，以较早者为准——

（A）成为《伯尔尼公约》成员；

（B）成为WTO成员；

（C）成为《世界知识产权组织版权条约》的缔约国；

（D）成为《世界知识产权组织表演和录音制品条约》的缔约国；或

（E）适用（g）款规定的总统令。

（2）恢复著作权保护的"恢复保护之日"是指——

（A）恢复保护作品的来源国在1996年1月1日是《伯尔尼

公约》或 WTO 成员的，该日就是"恢复保护之日"，或

（B）如果是其他来源国的恢复著作权保护的作品，"加入之日"或"宣告之日"就是"恢复保护之日"。

（3）"适格国家"是指符合下列条件的美国以外的国家——

（A）在《乌拉圭回合协定法》通过后成为 WTO 成员的；

（B）在通过之日已经加入或在通过之日后加入《伯尔尼公约》的；

（C）加入《世界知识产权组织版权条约》的；

（D）加入《世界知识产权组织表演和录音制品条约》的；或

（E）在通过之日后，适用（g）款规定的总统令的。

（4）"相关主体"是指——

（A）就特定作品而言，任何人在作品来源国成为适格国家之前，从事相关行为，如果该作品恢复著作权保护的话，该行为就会违反 106 条，在作品来源国成为适格国家之后继续从事相关行为的；

（B）在作品来源国成为适格国家之前，制作或获得了一份或多份该作品的复制件或录音制品的；或

（C）如果（A）目或（B）目中规定的主体，出售、处分（d）款第（3）项中规定的演绎作品或重大资产，则是此主体的继承者、受让人或被许可人。

（5）"恢复保护的著作权"，是指根据本条规定恢复保护作品的著作权。

（6）"恢复著作权保护的作品"是指符合下列条件的具有原创性的作品——

（A）受（a）款保护；

（B）未在来源国因保护期满而进入公有领域；

（C）由于下列原因，在美国进入了公有领域——

（i）未能符合美国著作权法在任何时期作出的强行规定，包括未能续展、没有作出适当的权利声明或不符合生产技术要求；

（ii）因是在 1972 年 2 月 15 日前录制的录音作品而不受保护；或

（iii）不具有适格的国民资格。

（D）作品创作完成时，至少有一名作者或权利持有者具有适格国家的国籍或住所在该国；作品已经出版的，该作品首次在适格国家境内出版，并在该国出版后的 30 日期间内未在美国境内出版；

（E）作品来源国仅因加入《世界知识产权组织表演和录音制品条约》从而成为适格国的，本句中的作品仅限于录音作品。

（7）权利持有者是指——

（A）就录音作品而言，经授权首次录制录音作品者；或

（B）通过转让或根据法律规定，从（A）目规定的权利持有者那里获得相应权利者。

（8）恢复著作权保护的作品的来源国是指——

（A）美国以外的国家；

（B）作品如果未出版，则是

（i）作者或权利持有者住所地或国籍所在的适格国家；如果恢复著作权保护的作品有两名及两名以上作者或权利持有者的，则是多数国外作者或权利持有者住所地或国籍所在的适格国家；或

（ii）如果多数作者或权利持有者为国内人士的，则是除美国之外与该作品联系最紧密的国家；和

（C）作品如果已出版，则是

（i）作品首次在其境内出版的适格国家，或

（ii）作品在两个或两个以上适格国家同时出版的，则是适格国家中与该作品联系最紧密的国家。

105 条　著作权的客体：美国政府作品

美国政府的作品不受本法保护，但不排除美国政府通过转让、遗赠或其他方式接受并拥有转移至其名下的著作权。

106 条 版权作品中的专有权利

根据 107 条至 122 条的规定，著作权人依法享有或者授权他人享有下列专有权利：

（1）制作版权作品的复制件或录音制品；

（2）根据版权作品创作演绎作品；

（3）通过出租、出借，或通过出售以及其他转移所有权的方式向公众发行版权作品的复制件或录音制品；

（4）作品为文字、音乐、戏剧、舞蹈、哑剧、电影或其他视听作品的，向公众表演该版权作品；

（5）作品为文字、音乐、戏剧、舞蹈、哑剧、绘画，图表和雕塑作品的，包括电影以及其他视听作品的单幅影像，向公众展览该版权作品；以及

（6）作品是录音作品的，以数字音频播送的方式公开表演该版权作品。

106 条之二 特定作者的确认作者身份权和保护作品完整权❶

（a）确认作者身份权和保护作品完整权——根据 107 条的规定，视觉艺术作品的作者享有下列权利，此类权利独立于本法 106 条规定的专有权利——

（1）（A）表明作者身份，以及

（B）阻止他人在非作者本人创作的作品上使用作者姓名的权利。

（2）他人歪曲、篡改或以其他方式改动作品，可能会损害作

---

❶ 本条由《1990 视觉艺术作品权利法》经修改后并入，需指出的是美国就是自该法起开始承认作者的精神权利的。该条指明了两点：第一，精神权利的享有人可能是"他"（he），也可能是"她"（she），但不包括"它"（it）；第二，精神权利只授予作者，不授予著作权人。（为照顾语言习惯，此处并未直接译出）这就等于对法人享有精神权利进行了双重排除。参见：郑成思. 版权法［M］. 北京：中国人民大学出版社，2009：38.

者荣誉或名誉的，阻止他人在视觉艺术作品上使用作者姓名的权利；且

（3）根据 113 条（d）款关于权利限制的规定：

（A）有权阻止任何可能会损害作者荣誉或名誉的、故意歪曲、篡改或以其他方式改动作品的行为，任何故意歪曲、篡改或以其他方式改动作品的行为都侵犯该权利，且

（B）有权阻止任何毁坏具有相当艺术创作高度的作品的行为，任何因故意或重大过失而毁坏该类作品的行为一律侵犯该权利。

（b）权利的范围和行使——只有视觉艺术作品的作者对其作品享有（a）款规定的权利，不论该作者是否为作品的著作权人，合作完成视觉艺术作品的作者，对其作品共同享有（a）款规定的权利。

（c）例外——（1）因时间流逝或者原料固有属性造成的视觉艺术作品内容的改变，不属于（a）款第（3）项（A）目规定的歪曲、篡改或以其他方式改动作品的行为。

（2）因保护或向公众展示（包括照明和布置）造成的视觉艺术作品内容的改变，除行为存在重大过失外，不属于（a）款第（3）项（A）目规定的歪曲、篡改或以其他方式改动作品的行为。

（3）对 101 条视觉艺术作品定义中（A）目、（B）目所列举的任何作品进行的复制、描写、描画或其他使用行为，（a）款第（1）项和第（2）项中规定的权利不适用。对此类作品的复制、描写、描画或其他方式的使用，不属于（a）款第（3）项（A）目规定的歪曲、篡改或以其他方式改动作品的行为。

（d）权利的期间——（1）至《1990 视觉艺术家权利法》610 条（a）款中规定的生效之日后创作完成的视觉艺术作品，（a）款规定的权利的保护期为作者终生。

（2）《1990 视觉艺术家权利法》610 条（a）款中规定的生效之日前创作完成的视觉艺术作品，在生效之日作者尚未转让作品

权利的，（a）款规定的权利至 106 条规定的权利终止时结束。

（3）作品为两名及两名以上作者共同创作完成的合作作品的，（a）款规定的权利的保护期为最后死亡的作者终生。

（4）（a）款规定的所有权利至该权利应当届满的那一年的 12 月 31 日终止。

（e）权利的转让和放弃——（1）（a）款规定的权利不得转让，但作者通过签署书面文件明确表示放弃该权利的，可以放弃该权利。书面文件中应特别指出放弃所适用的作品以及作品的使用方式，放弃的权利范围以书面文件中写明的作品及作品的使用方式为限。作品为两名及两名以上作者共同创作完成的合作作品的，特定作者根据本项规定放弃权利的，该放弃行为对全体作者有效。

（2）（a）款规定的视觉艺术作品的精神权利的享有，不同于该作品的复制件的所有权，也不同于该作品的著作权和著作权所包含的任何专有权利。转让视觉艺术作品的复制件的所有权、著作权或著作权所包含的任何专有权利，不导致（a）款规定的权利的放弃。除非作者在其签署的书面文件中明确表示同意，放弃（a）款规定的视觉艺术作品的相关权利时，不转让视觉艺术作品的复制件的所有权、著作权或著作权所包含的任何专有权利。

107 条　专有权利的限制：合理使用

不管 106 条和 106 条之二如何规定规定，合理使用版权作品的，不构成侵权，包括为了批判、评论、新闻报道、教学（包括为课堂使用的而进行的多份复制）、学术和研究等目的，以 106 条规定的复制或其他方式使用作品的。在具体案件中，判断某一行为是否属于合理使用，应当考虑下列因素——

（1）使用的目的和特点，包括该使用行为是具有商业性质还是为了非营利的教育目的；

（2）版权作品的类型；

（3）使用的作品中，被使用部分与整个作品的比例；以及

（4）使用行为对版权作品潜在市场或价值所造成的影响。

作品是否出版，不影响基于上述全部要素，作出符合合理使用的结论。

108 条　专有权利的限制：图书馆和档案馆的复制

（a）除非本法另有规定，不论 106 条如何规定，图书馆和档案馆及此类机构的雇员在其工作范围内，制作一份复制件或录音制品，或者发行这些复制件或录音制品，除本条（b）、（c）两款另有规定外，符合下列条件的，不构成侵权——

（1）制作或发行复制件或录音制品的行为不以直接或间接获得商业利益为目的；

（2）图书馆或档案馆的藏品：（i）向公众开放；或（ii）既供图书馆和档案馆以及此类机构的附属研究所中的研究者使用，也供特定领域的其他研究人员使用；且

（3）被用于复制或发行的作品的复制件或录音制品中应附有著作权声明，如果没有著作权声明，则应该附文表示该作品可能受著作权保护。

（b）为馆藏或防止版本遗失，或在另一个（a）款第（2）项规定的特定种类的图书馆或档案馆中为研究而留存藏品，并符合下列规定的，由本条规定的复制或发行的权利得适用于制作三份未出版作品的复制件或录音制品——

（1）用于制作的复制件或录音制品，目前是图书馆或档案馆的藏品；且

（2）没有以任何形式发行以数字格式制作的复制件或录音制品，并确保公众无法在图书馆或档案馆馆舍以外的地点获得此种格式的复制件或录音制品。

（c）为了替代损毁或者濒临损毁、丢失或者失窃，或者其存储格式已经过时的复制件或录音制品，并符合下列规定的，由本条规定的复制或发行的权利得适用于制作三份未已出版作品的复制件或录音制品——

（1）图书馆或档案馆通过合理的努力后确定，无法以适当的

价格购买到未经使用的替代品；且

（2）公众无法在图书馆或档案馆馆舍以外的地点，获得以数字格式制作的并为图书馆或档案馆合法藏有的复制件或录音制品。

根据本款规定，能够呈现以某种格式存储的作品的机器设备已经停产或无法在市场上合理获得的，此种格式得视为已经过时。

（d）本条规定的复制和发行的权利适用于用户从图书馆或档案馆，或从另一个图书馆或档案馆通过馆际互借请求复制期刊或汇编作品中的一篇文章或一个部分，或者将其他受著作权保护的作品的一小部分复制一份复制件或录音制品，如果——

（1）复制件或录音制品成为使用者的财产，图书馆或档案馆并未被告知，复制件或录音制品会用于个人学习、学术或研究以外的其他目的；且

（2）图书馆或档案馆在接受（复印）订单的地点，显著地放置了与版权局局长在条例中要求一致的版权警告，并在定单上也附有同样的版权警告。

（e）图书馆或档案馆通过合理的调查认定，无法以合理的价格购买到版权作品的复制件或录音制品，同时满足下列条件的，本条规定的复制和发行的权利得适用于用户向图书馆或档案馆，或向其他图书馆或档案馆通过馆际互借提出的对其藏品的全部或大部分内容进行复制——

（1）复制件或录音制品成为用户的财产，图书馆或档案馆并未被告知，复制件或录音制品会用于个人学习、学术或研究以外的其他目的；且

（2）图书馆或档案馆在接受（复印）订单的地点，显著地放置了与版权局局长在条例中要求一致的版权警告，并在定单上也附有同样的版权警告。

（f）本条中的任何内容不得——（1）解释为因馆舍内无人管理的复制设备的使用而对图书馆、档案馆及其雇员施加著作权

侵权责任，只要复制设备上附有声明，说明制作复制件可能受著作权法规制；

（2）解释为免除使用上述复制设备的人或根据（d）款请求复制件或录音制品的人著作权侵权责任，或其后续使用的著作权侵权责任，如果其行为超出 107 条规定的合理使用范围；

（3）解释为根据（a）款第（1）项、第（2）项、第（3）项的规定，限制图书馆或档案馆通过出借数量有限的视听新闻节目的复制件或摘编而进行的复制或发行行为；或

（4）以任何方式妨碍 107 条规定的合理使用的权利或在任何时候影响图书馆或档案馆在因获得其藏品的复制件或录音制品时负担的合同义务。

（g）本条规定的复制和发行的权利适用于，在不同场合对同一资料的单份复制件或录音制品进行的彼此不相关的复制或发行行为，但不得延及下列情形——

（1）图书馆、档案馆及其雇员知道或有充分理由相信复制和发行行为是对同一资料所做的相关联的或协同的复制或发行多份复制件或录音制品的，不论这是一次性完成还是经由一段时间完成，也不论是为了一人或多人合用还是集体中各个成员单独使用；或

（2）图书馆、档案馆及其雇员参与了系统复制或发行单份或多份（d）款中规定的资料的复制件或录音制品的，除非图书馆或档案馆参与了不为本条所禁止的馆际互借协议，并且此类协议的目的或结果不是让图书馆或档案馆将复制件或录音制品集结起来而代替订阅或购买该作品。

（h）（1）根据本条规定，在已出版作品的著作权期间的最后 20 年间，图书馆、档案馆或具备上述机构功能的非营利教育机构经合理调查认定，不存在第（2）项的（A）目、（B）目、（C）目规定的条件时，为了保存版本、学术或研究，得以影印或数字格式复制、发行、展示、表演此类作品的复制件或录音制品的全部或部分内容。

（2）符合下列条件之一的，任何复制、发行或表演均是未授权的——

（A）作品被用于一般的商业利用；

（B）能以合理价格获得作品的复制件或录音制品；或

（C）著作权人或其代理人依版权局局长颁布的条例作出声明，适用（A）目或（B）目的规定。

（3）本条所规定的免责，不适用除图书馆或档案馆以外用户的任何后续使用。

（i）本条规定的复制和发行的权利不适用于音乐作品、绘画，图表和雕塑作品、电影或其他不涉及新闻的视听作品，但，（b）款、（c）款、（h）款规定的权利不适用此限制；根据（d）款和（e）款规定复制或发行其复制件或录音制品的作品所附的图解、示意图或发挥类似辅助功能的绘画或图表作品也不适用此限制。

109 条 专有权利的限制：转移特定复制件或录音制品的后果

（a）不论 106 条第（3）项如何规定，根据本法合法制作的特定复制件或录音制品的拥有者或经其授权的人，可以不经著作权人许可，出售或以其他方式处置其拥有的复制件或录音制品。不论前文如何规定，复制件或录音制品属于 104 条之二规定的恢复著作权保护的作品的复制件或录音制品的，该复制件或录音制品是在著作权恢复保护之日前制作的，或就相关主体而言，复制件或录音制品在 104 条之二（e）款规定的通知公布或送达之日前制作的，在未经恢复保护著作权人许可的情形下，仅可以在下列日期起的 12 个月的期间内，为获得直接或间接商业利益，出售或以其他方式处置该复制件或录音制品：

（1）104 条之二（d）款第（2）项（A）目规定的向版权局提交的意图通知在《联邦公报》公布之日，或

（2）收到根据 104 条之二（d）款第（2）项（B）目规定的实际通知之日；以公布日或收到通知日之中的较早日为准。

（b）（1）（A）不管（a）款如何规定，除非经录音制品或计算机程序（包括磁带、磁盘或任何含有此类程序的载体）的著作权人许可，录音作品中含有音乐作品的，任何特定录音制品或特定计算机程序（包括磁带、磁盘或任何含有此类程序的载体）的作品载体拥有者，不得为直接或间接获取商业利益，以出租、出借或具有出租、出借性质的其他行为或做法，处置或许可处置该录音制品或计算机程序（包括磁带、磁盘或任何含有此类程序的载体）。非营利的图书馆或教育机构，以非营利目的出租、出借录音制品的，不适用前文中的规定。非营利教育机构向其他非营利教育机构、教员、职工或学生，转移占有其合法制作的计算机程序的复制件，不构成本款意义上的为直接或间接获取商业利益而出租或出借的行为。

（B）本款不适用——（i）包含于机器或产品之中的计算机程序，且在对机器或产品的正常使用或操作中无法复制该程序；或

（ii）计算机程序体现在为视频游戏或其他目的设计的具有特定用途的计算机中，或与此类计算机联合使用的。

（C）本款中的任何规定不得影响本法第 9 章中的有关规定。

（2）（A）非营利图书馆以非营利目的出借计算机程序，在出借的计算机程序复制件的外包装上附有与版权局局长在条例中要求一致的版权警告的，不适用本款。

（B）《1990 年计算机软件出租修正案》施行之日起 3 年内，经与著作权人或图书馆长的代表协商后，版权局局长在其认为的适当时间，可以向国会提交报告以说明本款是否实现了它的预期目的，即维持著作权制度完整性的同时，使非营利图书馆能够实现其功能。报告要向国会提供版权局局长认为为实现本款的目的所必需的任何信息或建议。

（3）本款中的任何规定不得影响反垄断法的有关规定。根据前文规定，反垄断法的含义与《克莱顿法》第 1 条给出的定义一致，并包括《联邦贸易委员会法》第 5 条中有关不正当竞争方法

的规定。

（4）发行录音制品或计算机程序复制件（包括磁带、磁盘或任何含有此类程序的载体）从而违反第（1）项规定的，根据本法 501 条属于著作权侵权者，并承担 502 条、503 条、504 条和505 条规定的救济责任。但该行为不应当触犯 506 条规定的犯罪条款或致使侵权者受《美国联邦法典》第 18 编 2319 条规定的刑罚制裁。

（c）不管 106 条第（5）项如何规定，根据本法合法制作的特定复制件的拥有者或经其授权的人，可以不经著作权人许可，直接或是通过一次不超过一幅影像的方式公开向复制件所在地的观众展示复制件。

（d）除非经著作权人授权，以租借或其他方式从著作权人处取得复制件或录音制品，但没有获得所有权的，不适用（a）款、（c）款规定的特殊权利。

（e）不管 106 条第（4）项和第（5）项如何规定，将电子视听游戏用于投币使用设备的，根据本法合法制作的此类游戏的特定复制件的拥有者，可以不经游戏著作权人许可，通过投币使用的设备，公开运行或展示该游戏。除此之外，电子视听游戏的著作权人不是该著作权作品的著作权人的，本款不适用于视听游戏中包含的著作权作品。

110 条　专有权利的限制：特定表演和展示行为免除责任

不管 106 条如何规定，下列情形不属于著作权侵权：

（1）非营利性教育机构开展面对面教学时，教师或学生在教室或其他类似的专门用于教学的地方表演或展示作品，但作品是电影或其他视听作品的，表演或对单幅影像的展示是基于根据本法制作的非法复制件进行的，且表演的负责人知道或有理由相信该复制件是非法制作的除外；

（2）在网络课程中，表演非戏剧性文学作品、音乐作品或其他作品的合理且有限的一部分，或展示与教室现场教学时通常展示的表演片段数量相当的作品的一部分，并且符合下列条件；但是，专为通过数字网络播出的教学指导活动组成部分进行表演、展示而制作销售的作品除外；通过本法规定的非法制作并获得的复制件或录音制品进行表演或展示，且实施播送的政府部门或经认定的非营利教育机构知道或有理由相信复制件或录音制品不是合法制作并获得的也除外；

（A）表演或展示是由教师作出的，或在教师指导或实际监督下进行的，且该表演或展示作为课堂教学活动的主要部分，是政府部门或经认定的非营利性教育机构提供的系统化教学指导活动的通常组成部分；

（B）表演或展示与播送的教学内容直接相关且具有实质性的辅助作用；

（C）播送行为仅针对下列人员作出，且在技术允许的限度内，应该将接收控制在下列人员范围内——

（i）正式注册参加播送课程的学生，或

（ii）因履行其职责而接收播送的政府官员或雇员；且

（D）播送课程的部门或机构——

（i）制定著作权方面的政策，向大学教师、学生和相关人员提供信息资料，详细解释美国著作权方面的法律，并推动遵守这些法律，另外，还要告知学生，课堂中使用的相关资料可能受著作权的保护；

（ii）在数字化传输情形下——

（I）采取适当的技术措施以防止——

（aa）节目的接收方在播送课程的部门或机构的课堂教学时段外依然可以获得作品；以及

（bb）节目的接收方未经授权进一步向第三方传播作品；同时

（II）没有干扰著作权人为防止未经授权使用作品或进一步传播作品而采取的技术措施，对干扰的后果，行为人能合理预见到；

（3）在礼拜地点或其他宗教集会地开展的活动中，表演非戏剧性文学作品、音乐作品或具有宗教色彩的戏剧音乐作品，或展示作品；

（4）不以任何直接或间接获得商业利益为目的，且没有向表演者、承办者或组织者支付任何报酬或其他形式的补偿的情况下表演非戏剧文学作品、音乐作品（向公众播送的除外），同时满足下列条件——

（A）没有直接或间接收取入场费；或

（B）扣除举办表演的合理成本后，收入全部用于教育、宗教或慈善目的，没有作为私人经济收益，但著作权人发出反对类似表演的通知，且符合下列条件的除外：

（i）通知应当以书面形式作出，并由著作权人或其正式授权的代理人签名；且

（ii）通知最晚应当在表演开始7日之前送至表演负责人，并说明反对的理由；同时

（iii）通知应当在形式、内容和送达方式方面符合版权局局长条例规定的要求；

（5）（A）除非（B）另有规定，由公众在个人家庭通常使用的单一接收设备接收通过公共放送途径播放的作品的表演或展示的，除非——

（i）对收听收看该节目直接收费；或者

（ii）向公众进一步传送接收到的节目；

（B）以公众接收为目的，商业店铺对来自由美国联邦电信委员会批准的广播电台、电视台的非戏剧音乐作品表演或展示，或对来自有线电视系统或卫星转播机构的视听节目进行传送或转播，如符合下列条件——

（i）就餐饮场所以外的商业店铺而言，进行传播的商业店铺面积小于2 000平方英尺（用于顾客停车且没有其他用途的空间除外），进行传播的商业店铺面积等于或者大于2 000平方英尺（用于顾客停车且没有其他用途的空间除外）的应符合下列

条件——

（I）表演仅为音频的，用于传播的扩音器数量不得超过 6 个，同一房间或相连的铺外空间内扩音器数量不得超过 4 个；或

（II）表演或展示通过视听方式进行的，用于播放视频的视听设备的数量不得超过 4 个，同一房间视听设备的数量不得超过 1 个，并且视听设备屏幕的对角线不得超过 55 英寸；用于播放音频的扩音器数量不得超过 6 个，同一房间或相连的铺外空间内扩音器数量不得超过 4 个；

（ii）就餐饮场所而言，进行传播的餐饮场所面积小于 3 750 平方英尺（用于顾客停车且没有其他用途的空间除外），进行传播的餐饮场所面积等于或者大于 3 750 平方英尺（用于顾客停车且没有其他用途的空间除外）的应符合下列条件——

（I）表演仅为音频的，用于传播的扩音器数量不得超过 6 个，同一房间或相连的铺外空间内扩音器数量不得超过 4 个；或

（II）表演或展示通过视听方式进行的，用于播放视频的视听设备的数量不得超过 4 个，同一房间视听设备的数量不得超过 1 个，并且视听设备屏幕的对角线不得超过 55 英寸；用于播放音频的扩音器数量不得超过 6 个，同一房间或相连的铺外空间内扩音器数量不得超过 4 个；

（iii）没有直接或间接对收听收看传送或转播的节目收费；

（iv）传送或转播的节目没有进一步向接收该节目场地之外的地点传送；且

（v）该传送或转播行为经著作权人许可可以进行公开表演或展示；

（6）政府部门或非营利性农业或园艺组织在由其举办的一年一度的农业或园艺展销会或博览会上表演非戏剧性音乐作品的，如果是根据替代责任或相关侵权原则，要求此类部门或组织因场地使用者、商业机构、或展销会或博览会上的其他人员进行的表演而承担任何侵犯著作权的责任，这些部门和机构可以根据本条规定免责，但进行表演者不能免责；

（7）在向公众自由开放的销售场所中表演非戏剧性音乐作品的，没有直接或间接收取任何入场费用，表演的唯一目的是促进该作品的复制件、录音制品或表演中使用的视听或其他设备的销售，没有向场所之外的地方传送表演，并且表演被控制在进行销售的区域之内；

（8）在专为由于残疾而无法阅读正常印刷资料的盲人或其他视力障碍人士，失聪或其他无法听见伴随视觉信号传送的听觉信号的听力障碍人士设计，并且主要面向此类人士的播送中表演非戏剧性文学作品，该表演没有获得任何直接或间接的商业利益且通过下列设施传送：（i）政府部门；或（ii）非商业性教育广播电视台（根据《美国联邦法典》第 47 编 397 条定义）；或（iii）无线电转播授权机构（根据《美国联邦条例汇编》第 73.293～73.295 条和第 73.593～73.595 条的定义）；或（iv）有线电视系统（根据 111 条（f）款的定义）。

（9）专为由于残疾而无法阅读正常印刷资料的盲人或其他视力障碍人士设计，并且主要面向此类人士的播送中，单场表演距表演至少 10 年前出版的戏剧文学作品的，该表演没有获取任何直接或间接的商业利益，且通过第（8）项（iii）规定的无线电转播授权机构传送；同一表演者演出或同一机构赞助的相同作品的表演超过一次的不适用本规定；

（10）不管第（4）项如何规定，下列行为不构成著作权侵权：在由非营利性老兵组织或非营利性共济会，组织并主办的社交集会中表演非戏剧性文学作品、音乐作品，该活动中除此类组织邀请的人员外，未邀请其他公众，表演所得收益，在扣除举办表演所需的合理成本后全部用于慈善目的，而不是为了经济收益的。本条规定的免责，不包括大专院校举办的正式集会中的男生或女生联谊会，但，集会是专门为特定慈善目的募集基金的除外。

（11）由个人家庭成员或根据个人家庭成员的指令，在家庭内或传送至该家庭为私人观看的表演进行的过程中，在授权的电影复制件中屏蔽特定视频或音频内容；创作或提供根据个人家庭成员的指令能够切掉视频或音频内容的计算机程序或其他技术，且该计算机程序或技术本身就是为了此目的而设计并投放市场的，同时未使用此类计算机程序或技术制作出电影修改版的固定复制件。

行政、司法或其他政府在设定或调整因公开表演或展示著作权人的作品而需向其支付的版税数额时，不得考虑第（5）项规定的免责。因公开表演或展示著作权人的作品而需向其支付版税，此类表演或展示不属第（5）项规定的免责之列时，不得以免责为由，减少版税。

第（2）项中，有关本条规定的数字化传输作品的表演或展示中的"教学指导活动"，是指对作品的使用行为是课堂教学的必需部分，该行为是在教师控制或实际指导下进行的，并且与现场教学的教室可能发生的表演或展示类似。

"教学指导活动"，不包括在单一课程的一个或多个课时内，使用高等教育中学生通常为独自使用而购买或取得的，或中小学学生通常为独自使用而购买或取得的以任何载体、复制件或录音制品形式存在的作品，诸如课本、课程阅读资料集❶或其他资料等。

第（2）项的规定中，认定——（A）凡涉及提供高等教育的机构应当经美国教育部或高等教育认定委员会认可或国家认定机构确定；（B）凡涉及提供中小学教育的机构，应当由应该适用的政府认证或许可程序认定。

数字化传输第（2）项规定的资料的表演或展示是通过自动

---

❶ Course pack 是美国大学学生上课时经常使用的一种材料，它一般由任课教师事先选择好已经发表的一些阅读资料，例如，教材或专著的一部分，期刊上一些文章的全文或部分内容，按照教师自己的讲授思路组织起来，交给学校专门从事复印打印的机构进行印发。选课的学生在上课前去这些印编机构购买已经装订好成册的"课程阅读资料集"，供课前阅读和课上讨论使用。它的功能相当于教材，但它又和普通意义上的教材不同，是由很多作品或作品的片段汇编而成的。

的技术化处理完成的暂时或临时存储资料造成的，任何政府部门或经认定的非营利教育机构，不对侵权承担责任。除预定接收对象外，任何人都无法以通常方法获得由传输主体或机构控制管理的系统或网络中的复制件，在加快传输所必需的合理时间经过后，预定接收对象无法以通常方法获得复制件。

第（11）项规定中的"屏蔽"不包括在电影中添加视频或音频内容，以延长或代替电影已有内容。

第（11）项中的任何内容，不得解释为暗示根据本法 106 条规定还有其他权利，也不得解释为影响本法其他规定或本条其他条款规定的任何权利侵权抗辩和权利限制。

111 条 专有权利的限制：二次播送（转播）

（a）特定二次播送的免责——如符合下列条件，二次播送原始播送中的作品表演或展示的，不构成著作权侵权——

（1）进行二次播送的主体不是有线电视系统，是在旅馆、公寓或类似机构的管理下，转播经美国联邦电信委员会许可的电视台在当地服务区域内所播送的信号，信号转播到该类机构的客人或住户的私人住处，没有对收听或收看转播收取直接费用；或

（2）二次播送仅以 110 条第（2）项规定的事项为目的并根据该项规定的条件进行；或

（3）从事二次播送的送信人，没有直接或间接控制原始播送的内容或选择转播的特定接收者，仅为转播提供线路、电缆或由其他主体使用的通信信道；但本条规定仅适用前述送信人的转播服务，并不免除其他主体就原始播送或转播活动承担的责任；

（4）由卫星转播机构根据 119 条规定的法定许可进行的二次播送；或

（5）进行二次播送的主体是有线电视系统外的政府部门或其他非营利性组织，不以获得任何直接或间接商业利益为目的，除支付维持和管理转播服务实际产生的合理的成本所必需的款项外，没有向接收者收取任何费用。

（b）二次播送针对特定群体的原始播送——不管（a）款和（c）款如何规定，原始播送不是针对一般公众，只是为了特定受限的某一部分公众成员接收的，向公众转播含有作品表演或展示的此类原始播送，仍构成 501 条规定的侵权行为，该行为完全适用 502 条至 506 条规定的救济，但，在满足下列条件时，此类转播不构成侵权行为——

（1）原始播送是由经美国联邦电信委员会许可的电视台进行的；且

（2）传送二次播送信号，符合美国联邦电信委员会的规定、条例或授权的要求；同时

（3）转播者没有以任何方式变动或更改原始播送者的信号。

（c）有线电视系统的二次播送——（1）根据本款第（2）项、第（3）项、第（4）项，和 114 条（d）款的规定，有线电视系统转播由经美国联邦电信委员会或加拿大、墨西哥有关政府主管部门许可的广播电台原始播送的作品的表演或展示的，应当符合（d）款法定许可的规定，传送转播的信号，符合美国联邦电信委员会的规定、条例或授权的要求。

（2）不管本款第（1）项如何规定，在下列情形下，有线电视系统故意或多次转播由美国联邦电信委员会或加拿大、墨西哥有关政府主管部门许可的广播电台原始播送的作品的表演或展示的，仍构成 501 条规定的侵权行为，该行为完全适用 502 条至 506 条规定的救济：

（A）传送二次播送的信号，不符合美国联邦电信委员会的规定、条例或授权的要求；或

（B）有线电视系统没有交存（d）款要求的清单和版税。

（3）不管本款第（1）项如何规定，若符合本条（e）款的规定，有线电视系统在节目播出前后立即或在节目播出时通过改动、删除、增加等方式，故意改变原始播送中表演或展示所体现的特定节目的内容、或任何商业广告或电视台声明的，有线电视系统转播出美国联邦电信委员会、加拿大或墨西哥有关政府主管

部门许可的电视台进行的作品表演或展示的原始播送，仍构成 501 条规定的侵权行为，该行为完全适用 502 条至 506 条以及 510 条规定的救济；但从事电视商业广告市场调研者对商业广告进行的改变、删除、替换，并符合下列条件的除外：调研公司事前已经获得了购买原始商业广告的登广告者、播出该则广告的电视台和进行转播的有线电视系统的许可，并且此类改变、删除、替换不以从出售商业时段中获得利益为目的。

（4）不管本款第（1）项如何规定，符合下列条件时，有线电视系统二次播送由加拿大或墨西哥的有关政府部门许可的电视台进行的作品表演或展示的原始播送，仍构成 501 条规定的侵权行为，该行为完全适用 502 条至 506 条以及 510 条规定的救济：

（A）就来自加拿大的信号而言，有线电视系统所在的社区距美加边境 150 英里以外，且该社区位于北纬 42 度以南；或

（B）就来自墨西哥的信号而言，进行二次播送的有线电视系统用直接截取广播电视台发射的自由空间无线电波以外的方式接收原始播送，除非在 1976 年 4 月 15 日之前，有线电视系统就已经实际播送或在符合美国联邦电信委员会的规定、条例或授权的系统上经特别许可播送境外电视台的信号。

（d）有线电视系统二次播送的法定许可——

（1）有线电视系统中的二次播送符合（c）款规定的法定许可的，应当根据版权局局长在条例中规定的要求，每半年向版权局局长交存——

（A）包含先前 6 个月中发生的下列信息的清单：详细说明有线电视系统用于向其用户提供二次播送的信道的数量，被有线电视系统进一步播送的所有原始播送者的名称和地址，用户总数，有线电视系统因提供转播原始播送基本服务而收取的费用总额，版权局局长不定期地通过条例规定要求提供的其他数据。在确定用户总数和有线电视系统因提供转播原始播送的基本服务而收取的费用总额时，有线电视系统不得将根据 119 条规定的接收转播的用户及其所交费用包含在内。清单中还应当含有一份特别

清单，列明有线电视系统传送的全部或部分在原始播送者服务地域范围之外的非网络电视节目，依照美国联邦电信委员会的规定、条例或授权，允许有线电视系统在适当情形下替换或增加信号，同时应记载替换或增加信号的时间、日期、站点、节目；且

（B）除非（C）目或（D）目对有线电视系统的版税另有规定，清单中所标识的时间段内的版税总额，以有线电视系统在上述时间内提供转播原始播送的基本服务而收取的费用总额为基础，依照下述比率计算：

（i）进一步播送全部或部分在原始播送者服务地域范围之外的非网络电视节目的，如果有收入的话，需收取总收入的0.675％作为补偿费，补偿费按照（ii）至（iv）的规定收取；

（ii）第一级远距离信号值❶，收取总收入的0.675％；

（iii）第二、三、四级远距离信号值，均收取总收入的0.425％；

（iv）第五级远距离信号值，和此后每增加一级远距离信号值，收取总收入的0.2％，根（ii）至（iv）的规定计算需收取的费用，任何远距离信号值的零头均应按照相应的比率数计算，有

---

❶ 我国有学者将"distant signal equivalent"翻译为"远距离信号当量"（参见 http：//www.nmipc.gov.cn/nmzscqshow.asp? id＝255），在该译文版本中翻译的此术语的定义是：远距离信号当量，是指电缆系统全部或部分超出初次播送台的当地服务区转播的任何非电视网电视节目的数值。国内也有学者将其翻译为"等效距离信号"（参见：美国版权法［M］. 孙新强，于改之，译. 北京：中国人民大学出版社，2002：25.），此版本的译文中翻译的此术语的定义是：等效距离信号，指分配给任何非网电视节目——该节目由完全或部分位于该节目主播人本地服务区内的有线通信系统传送——的转播的值。台湾地区也有学者将该词翻译为"远方讯号值"，在该版本中，译者将此术语的定义翻译为：远方讯号值，系指定给一有线系统在该节目原播送者服务地区以外，所有全部或一部送之非播送网电视节目之主次播送之价值（参见 http：//140.119.61.203/elib982/02/04/04 _ 3/doc/American/doc/17.doc♯）。译者在这里将其译为"远距离信号值"。

线电视系统部分在原始播送者服务地域范围之内，另一部分在原始播送者当地服务范围之外的，总收入应当以从位于原始播送者服务地域范围之外的用户那获得的收入总和为限计算；且

（C）有线电视系统，在清单记录的时间段内，因提供转播原始播送的基本服务而向用户收取的费用总额数实际等于或小于80 000美元的，根据本款规定，有线电视系统收取的费用总额，应从实际收款总额扣除80 000美元超出实际收款额的部分，但，有线电视系统的总收款额不得减至3 000美元以下，根据本款需支付的版税按照总收入的0.5％计算，如果有的话，不论远距离信号值是多少；且

（D）有线电视系统，在清单记录的时间段内，因提供转播原始播送的基本服务而向用户收取的费用总额数实际大于80 000美元而不到160 000美元的，根据本款规定，有线电视系统收取的费用总额按照下列标准计算：

（i）80 000美元以下的部分按照收款总额的0.5％收取；

（ii）如果有超出80 000美元不到160 000美元的部分，按照收款总额的1％收取，不论远距离信号值是多少。

（2）版权局局长应当收取根据本条需交存的所有费用，扣除本条规定在版权局产生的合理成本后，应当按照美国财政部部长指定的方式将余款交存美国国库。美国财政部部长持有的全部资金，应当投资于有息的美国证券，经著作权版税裁判官❶许可后，由美国国会图书馆馆长分配资金及其利息。

（3）应当按照第（4）项规定的手续，将交存的版税分给下

---

❶　根据803条（a）款第（2）项的规定，除个别情况外，版税裁判官组成合议庭进行裁决，因此，除根据具体情况能够判明具体条文中的某处是在单数意义上使用版税裁判官外（如涉及版税裁判官任免及工资的、特别强调是首席版税裁判官的、特别指出是一名版税裁判官的、特别指出是持不同意见的版税裁判官的，等等），本译文中其他地方涉及版税裁判官的地方均指由版税裁判官组成的合议庭，是在复数意义上使用版税裁判官的。

列主张其作品被有线电视系统在相应的半年时间内转播的著作权人：

（A）有线电视系统转播的全部或部分在原始播送者服务地域范围之外的非网络电视节目中含有该著作权人作品的；

（B）根据第（1）项（A）目交存的特别清单中记载的转播中含有该著作权人作品的；

（C）有线电视系统转播的全部或部分在原始播送者服务地域范围之外的仅由音频信号构成的非网络节目中含有该著作权人作品的。

（4）版税应当按照下列手续进行分配：

（A）每年7月，任何主张享有转播法定许可金的，得按照版税裁判官在条例中作出的要求向版税裁判官提出申请。不论反垄断法如何规定，本项规定中提出权利要求的人之间可以达成协议，按比例分配他们之间的法定许可金，既可以将他们的主张整合在一起提出一个权利要求，也可以指定一名共同代理代表他们收取费用。

（B）每年8月1日以后，版税裁判官得确定，关于版税的分配是否存有争议。版税裁判官裁定不存在争议的，根据本条，在扣除合理的管理成本费用后，版税裁判官有权授权美国国会图书馆馆长开始向有资格获得版税的著作权人或他们指定的代理人分配相关费用。版税裁判官裁定存在争议的，版税裁判官得根据本法第8章，启动程序以裁定如何分配版税。

（C）在根据本款进行的未决诉讼期间，版税裁判官有权授权美国国会图书馆馆长开始分配任何不属争端之列的收入。

（e）有线电视系统的非实时转播——

（1）不管（f）款第（2）项有关有线电视系统的非实时转播如何规定，除满足下列条件外，此类播送仍构成501条规定的侵权行为，该行为完全适用502条至506条以及510条规定的救济——

（A）录像带中的节目向有线电视系统的用户播送的次数不

超过 1 次；且

（B）受著作权保护的节目、片段或电影录像带，包括此类节目、片段或电影录像带中的广告，在转播中未被删减或编辑；同时

（C）有线电视系统的所有者或官员；

（i）在有线电视系统持有录像带时，防止对录像带进行复制；

（ii）在有线电视系统所有或控制制作录像带的设施时，防止未经授权的复制行为；在该设施并非为有线电视系统所有或控制时，采取了合理的预防措施，防止复制行为的发生；

（iii）在录像带的运输过程中，采取了充分的预防措施，防止复制行为；

（iv）根据第（2）项的规定，对录像带进行消磁或销毁，或以其他方式使录像带消磁或销毁；

（D）每日历季度结束的 45 日内，有线电视系统的所有者或官员需签署宣誓书：

（i）采取行动或预防措施阻止复制录像带；

（ii）根据第（2）项的规定，对该季度中制作或使用的所有录像带进行消磁或销毁；

（E）所有者或官员应将所有此类宣誓书，以及依照第（2）项（C）目接收到的宣誓书，在有线电视系统提供转播服务的社区总店内或距提供转播服务的社区最近的社区总店内进行存档，供大众查询；

（F）非实时转播是指，依照非实时转播进行时有效的美国联邦电信委员会的规定、条例或授权，有线电视系统可以对该内容进行实时转播，此外，本条不适用于因疏忽或意外造成的播送。

（2）有线电视系统向他人提供其非实时转播的节目的录像带的，该行为构成 501 条规定的侵权行为，并完全适用 502 条至 506 条规定的救济，除非以非营利的书面合同，规定如何分担第（1）项规定的用于非实时转播的录像带的成本和转让该录像带的

費用，且符合下列条件的，才可以在阿拉斯加的有线电视系统之间、经允许从事非实时转播的夏威夷的有线电视系统之间、关岛（西太平洋）、北马里亚纳群岛或太平洋岛屿托管地的有线电视系统之间得相互转让用于非实时转播的录像带：

（A）凡涉及提供录像带的有线电视系统，应当在其办公室内备有全部此类合同供公众查询，并在订立此类合同后的30天内，向版权局提交合同的副本（版权局应当向公众提供此类合同的查询）；且

（B）接受录影带转让的有线电视系统应当符合第（1）项（A）目、（B）目、（C）目（i）、（iii）和（iv）和（D）至（F）目的规定；同时

（C）此类有线电视系统需向先前使用同一份录像带进行非实时转播的有线电视系统提供根据第（1）项（D）目制定的宣誓书的副本。

（3）本款内容不得解释为，取代有线电视系统与其所在区域内的广播电视台或该电视台所加入的网络之间已经签订或后来加入的协议中的专有保护条款。

（4）本款使用的专有术语"录像带"及其变体形式，是指对美国联邦电信委员会批准的广播电视台播出的节目的音像的复制件，不论体现该复制件的物质载体的性质，诸如磁带或胶片。

（f）定义——本条下列用语及其变体的含义如下：

原始播送，是指由播送机构向公众提供的播送，而该播送的信号被提供转播服务者接收并进行了进一步的播送，不论首次播送表演或展示的地点或时间。

转播，是指进一步对原始播送进行实时播送，或由全部或部分位于相连的48个州、夏威夷或波多黎各之外的有线电视系统进行的进一步非实时播送。有线电视系统位于夏威夷的，如果美国联邦电信委员会的规定、条例或授权允许其进一步对原始广播电视台的信号进行传送的，可以认定该系统进行的非实时播送行为是转播。

　　有线电视系统，是指位于州、领土、托管领土或属地内的，部分或全部接收美国联邦电信委员会批准的广播电视台播出的节目或传送的信号，并通过电线、电缆、微波或其他通信频道将这些节目或信号向付费公众用户转播的设施。在确定（d）款第（1）项规定的版税时，为同一主体拥有、控制或管理的两个或多个相连的并具有同一前端转换系统❶的有线电视系统，应当视为同一个系统。

　　原始播送者的本地服务区域，是指就广播电视台而言，根据1976年4月15日生效的美国联邦电信委员会的规定、条例或授权，此类电视台有权要求有线电视系统进行转播其信号的区域或《美国联邦法规汇典》第47编76.55条（e）定义的此类电视台的市场（1993年9月18日生效）或自1993年9月18日起，根据《美国联邦法规汇典》第47编76.55条（e）或76.59条对此类电视台市场作出的调整；就有关加拿大或墨西哥政府部门批准的广播电视台而言，该电视台遵守上述规定、条例或授权的，此类电视台有权要求有线电视系统转播其信号的区域就是其本地服务区域。就美国联邦电信委员会的规定、条例或授权定义的低功率电视台而言，原始播送者的本地服务区域是指，距发射站35英里范围内的区域，但该电视台位于标准化大都市统计区区域内，且该区域内坐落有人口最多的50个标准化大都市统计区之一的（以美国商务部部长1980年的10年一次的人口普查的数据为准），则以20英里的范围为限。就无线广播电台而言，原始播送者的本地服务区域是指，根据美国联邦电信委员会的规定、条例，该电台的服务区域。

　　远距离信号值，是指分配给进行非网络电视节目转播的有线电视系统的值，该有线电视系统部分或全部在此类节目的原始播送者的本地服务区之外。根据美国联邦电信委员会的规定、条例授权传送非网络节目时，独立电视台赋值为1，网络电视台和非

---

❶　前端转换系统就是把音视频信号转换为射频信号，传输到网络中。

商业教育电视台赋值为 1/4。前述的独立电视台、网络电视台和非商业教育电视台的赋值应当遵守下列例外和限制：美国联邦电信委员会的规定、条例要求有线电视系统在进一步播送中删掉特定节目，但，此类规定、条例同时允许播送含有作品表演或展示的其他节目，以替代被删掉的节目的，或本法颁布时有效的规定、条例允许有线电视系统自愿选择删掉并替换非直播节目或传送其本地服务区域内的原始播送者没有播送的其他额外节目的，此类替换或额外节目不得赋值。本法颁布时有效的美国联邦电信委员会的规定、条例或授权允许有线电视系统自愿选择删掉进一步播送特定节目，但此类规定、条例或授权同时允许播送含有作品表演或展示的其他节目，以替代被删掉的播送的，应当按下列要求给替换或额外节目赋值：如果是直播节目的，用远距离信号值的全值乘以发生替换的天数为分子、替换发生那一年的总天数为分母的分数。依照美国联邦电信委员会关于夜间或特别节目的规定，进行传送的电视台或因有效信道容量有限，无法传送获得许可进行全天传送信号而只能进行非全天传送的电视台，根据情形，上述独立电视台、网络电视台和非商业教育电视台的值应当乘以有线电视系统传送的播送时长与电视台全部播送时长的比。

网络电视台，是指一个或多个在美国境内提供全国性播送的电视网络所有或运营的广播电视台或加入该网络的广播电视台，这些电视台播送电视台网络提供的节目的绝大部分内容，并构成其正常播放日的主要部分。

独立电视台，是指不同于网络电视台的商业广播电视台。

非商业教育电视台，是指《美国联邦法典》第 47 编 397 条定义的非商业教育性质的广播电视台。

112 条 专有权利的限制：暂时录制

（a）（1）不管 106 条如何规定，依据包括 114 条（f）款规定的法定许可在内的许可，或根据 114 条（a）款规定的录音作品的专有权利限制，有权向公众播送作品表演或展示、进行著作权移转的播送组织，以及美国联邦电信委员会批准的以数字格式播送非点播性质的录音作品的表演的广播电台或电视台，制作不超过一份含有表演或展示的特定播送节目的复制件或录音制品的，如符合下列条件，不构成著作权侵权，但电影或其他视听作品除外——

（A）复制件或录音制品只能由制作了该复制件或录音制品的播送组织留存或使用，并且没有对这些复制件或录音制品进行进一步的复制；且

（B）复制件或录音制品仅为了播送组织本地服务区内的播送使用，或为了存档或安全；同时

（C）除非为了存档，用于播送的节目首次向公众播送之日起6个月内，应当销毁复制件或录音制品。

（2）根据第（1）款，有权制作复制件或录音制品的播送组织，向公众播送作品表演或展示，但因著作权人采取技术措施防止复制作品，而无法制作复制件或录音制品的，在技术可行且经济上合理时，著作权人应当向播送组织提供允许制作复制件或录音制品的必要方法。如果播送组织提出了合理的商业要求，著作权人未能及时回应的，播送组织实施了必要的行为制作本款第（1）项允许的此类复制件或录音制品的，不承担违反本法1201条（a）款第（1）项的责任。

（b）不管106条如何规定，根据110条第（2）项，或根据114条（a）款规定的录音作品的专有权利限制，有权向公众播送作品表演或展示的政府部门或其他非营利组织，制作不超过30份含有表演或展示的特定播送节目的复制件或录音作品的，如符合下列条件，不构成著作权侵权——

（1）没有对此类复制件或录音制品进行进一步的复制；且

（2）除非为了存档得留有一份复制件或录音制品外，自用于播送的节目首次向公众播送之日起7年内，销毁复制件或录音制品。

（c）不管 106 条如何规定，政府部门或其他非营利组织、本款第（2）项规定的播送组织发行、制作不超过一份的具有宗教性质的非戏剧性音乐作品表演，或此类音乐作品的录音作品表演的特定播送节目的复制件或录音制品，如符合下列条件，不构成著作权侵权：

（1）制作或发行此类复制件或录音制品未直接或间接收取费用；且

（2）除有权向公众播送作品表演的播送组织根据许可或著作权转移进行的单一播送外，此类复制件或录音制品没有用于其他表演；同时

（3）除非为了存档得留有一份复制件或录音制品外，用于播送的节目首次向公众播送之日起 1 年内，销毁复制件或录音制品。

（d）不管 106 条如何规定，根据 110 条第（8）项规定，有权向公众播送作品表演或展示的政府部门或其他非营利组织，制作不超过 10 份含有表演或展示的特定播送节目的复制件或录音制品，或允许任何根据 110 条第（8）项规定的有权播送作品表演的政府部门或非营利组织使用此类复制件或录音制品的，如符合下列条件，不构成著作权侵权——

（1）复制件或录音制品只能由制作了该复制件或录音制品的组织，或根据 110 条第（8）项有权向公众播送作品表演或展示的政府部门或非营利组织留存或使用，并且没有对这些复制件或录音制品进行进一步的复制；且

（2）复制件或录音制品仅为了 110 条第（8）项授权的播送使用，或为了存档或安全；同时

（3）政府部门或非营利组织根据本款允许任何政府部门或非营利组织使用复制件或录音制品未收取任何费用。

（e）法定许可——（1）根据 114 条（d）款第（1）项（C）目（iv）规定的专有权利限制，或符合 114 条（f）款有关法定许可的规定而有权获得法定许可的，有权向公众播送录音作品表

演的播送组织，在本款规定的特定情况下，如符合下列条件，可以制作不超过 1 份的录音作品的录音制品（法定许可的条文和规定允许更多份的除外）：

（A）录音制品只能由制作了该复制件或录音制品的播送组织留存或使用，并且没有对这些复制件或录音制品进行进一步的复制。

（B）录音制品仅用于播送组织根据 114 条（d）款第（1）项（C）目（iv）规定的专有权利限制，或 114 条（f）款有关法定许可的规定，源于美国境内的播送。

（C）除非为了存档，应当自用录音制品进行首次向公众播送录音作品之日起 6 个月内，销毁录音制品。

（D）录音作品的录音制品是经著作权人授权后向公众发行的；或著作权人授权播送主体播送录音作品，而播送主体是经著作权人授权后合法制作并获得的录音制品制作新的录音制品的。

（2）不论反垄断法如何规定，录音作品的著作权人可以和根据本款适用法定许可的播送组织协商，并就根据本条制作录音作品的录音制品的版税、许可期间、条件以及各著作权人收取费用的比率达成协议，也可以指定共同代理人协商、代为同意、支付或收取版税。

（3）通过第 8 章规定的程序，确定程序开始后的第二年的 1 月 1 日起的 5 年期间，或在各方同意的其他期间内的第（1）项规定的使用应支付的合理费用和条件。此类费用应当包括播送组织提供每一类服务的最低费用。录音作品的著作权人或适用本款法定许可的播送组织，可以就许可录音作品相关行为的补偿费用向版税裁判官提出请求。程序各方应当自行承担各自付出的成本。

（4）根据第（5）项，版税裁判官裁定的有关合理费用和条件，在第（3）项规定的 5 年期间内或在各方同意的其他期间内，对所有录音作品的著作权人和具有本款有权进行法定许可使用的播送组织具有约束力。此类费用应当包括播送组织提供每一类服务的最低费用。版税裁判官确定的费用，应当能够最大限度体现市场中有购买意向和出卖意愿的主体之间通过协商而可能商定的费用。在裁定此类费用和条件时，版税裁判官应当以各方提供的经济方面、竞争方面和节目方面的信息为基础，包括——

（A）使用服务，是否会替代或促进录音制品的销售，是否会妨碍或增强著作权人通常的收益渠道；和

（B）在著作权作品和向公众提供的作品服务中，著作权所有人和播送组织相应的创造性贡献、技术贡献、资金投入、成本和风险。在裁定此类费用和条件时，版税裁判官应当参照根据第（2）项和第（3）项规定的自愿达成的许可协议的费用和条件。版税裁判官可以要求，著作权人能够收到依照本款使用其录音作品的合理通知，有权进行本款规定的法定许可使用的播送组织应当保存并提供此类使用记录。

（5）任何时间，一名或多名录音作品的著作权人和一名或多名有权进行本款规定的法定许可使用的播送组织通过自愿协商达成的许可协议生效时，协议将替代美国国会图书馆馆长作出的决定或版税裁判官所作的裁定。

（6）（A）希望根据本款的法定许可制作录音作品的录音制品的，如符合下列要求，其制作录音制品不会侵犯 106 条第（1）项规定的录音作品著作权人的专有权利——

（i）遵守版税裁判官通过条例规定的通知条件，并根据本款支付版税；或

（ii）版税未经设定的，同意支付根据本款确定的版税。

（B）拖欠的版税，应当在版税设定后的下一月的第 20 天前付清。

（7）有权根据本款制作录音制品的播送组织，因著作权人采取技术措施防止复制作品，而无法制作录音制品的，在技术可行且经济上合理时，著作权人应当向播送组织提供必要的允许制作录音制品的方法。播送组织提出合理的商业要求后，著作权人未能及时回应，播送组织实施必要的行为制作本款第（1）项允许

的此类录音制品的，不承担违反本法 1201 条（a）款第（1）项的责任。

（8）本款的任何内容不得废除、限制、妨害或以其他任何方式影响录音作品的著作权人的任何专有权利的存在或价值，或就音乐作品而言，包括根据 106 条第（1）项、106 条第（3）项、115 条，制作和发行录音作品或音乐作品的专有权利（包括数字录音制品传输），和根据 106 条第（4）项及 106 条第（6）项，公开表演录音作品或音乐作品的专有权利（包括数字音频播送），但本款另有规定的除外。

（f）（1）不管 106 条如何规定，在不限制（b）款的适用时，有权根据 110 条第（2）项的规定播送表演或展示的政府部门或非营利教育机构，制作数字或模拟格式（仅限于第（2）项允许的范围）的含有用于 110 条第（2）项允许的播送表演或展示的作品的复制件或录音制品的，如符合下列条件，不构成著作权侵权——

（A）复制件或录音制品只由制作了该复制件或录音制品的部门或机构留存或使用，除 110 条第（2）项另有授权外，没有对这些复制件或录音制品进行进一步的复制；且

（B）此类复制件或录音制品仅用于 110 条第（2）项允许的播送。

（2）本款并不授权将印刷或其他格式的作品转换为数字格式，除非下文允许此种转换，且转换仅限于 110 条第（2）项允许的表演或展示的作品，并符合下列条件——

（A）机构不能获得作品的数字版本；或

（B）机构获得作品的数字版本的，需要采用技术措施使该机构无法依照 110 条第（2）项使用作品。

（g）除非节目中使用的以前存在的作品的著作权人明示同意，根据本条制作的播送节目的复制件或录音制品，不得视为演绎作品而受本法保护。

113 条 绘画、图形和雕塑作品专有权利的范围❶

（a）根据本条（b）款和（c）款的规定，106 条制作绘画、图形和雕塑作品复制件的专有权利，包含将作品复制在任何物品上的权利，不论该物品是否具有实用性。

（b）本法赋予描绘实用物品的作品的著作权人有关制作、发行或展示描绘实用物品的权利，不大于也不小于法院在根据本法进行的诉讼中认为可以适用并作出解释的 1977 年 12 月 31 日生效的法律所赋予的相关权利，这里的法律包括《美国联邦法典》第 17 编、普通法和各州的制定法。

（c）作品合法复制到实用物品上，实用物品以许诺销售或其他方式向公众发行，著作权不能阻止制作、发行或展示此类实用作品的图片或照片，用于发行或展示此类物品的广告或说明的，或用于新闻报道。

（d）（1）就下列情况而言——

（A）视觉艺术作品混合在建筑物中或为建筑物的一部分，并且从建筑物中移除视觉艺术作品会导致该作品的破坏、变形、损毁或造成 106 条之二（a）款第（3）项规定的其他改动，且

（B）作者在《1990 视觉艺术家权利法》610 条（a）款中规定的生效之日前同意在建筑物中安装作品，或建筑物的所有人和作者在该生效之日或在其后签署书面文件，明确指出作品安装后从建筑物中再移除视觉艺术作品可能对作品进行破坏、变形、损毁或造成 106 条之二（a）款第（3）项规定的其他改动的，则 106 条之二（a）款第（2）项和第（3）项赋予作者的权利不适用。

（2）建筑物的所有人，希望移除作为建筑物一部分的视觉艺术作品，并且移除该作品不会导致该作品的破坏、变形、损毁或

---

❶ 对于那些已在公众心目中留下深刻印象的著名雕刻而言，对其进行移除同样可能影响雕刻家的声誉。此时协调物权人和雕刻家的利益就非常重要。本条（d）款第（2）项做了比较合理的规定。参见：王迁. 知识产权法教程［M］. 北京：中国人民大学出版社，2009：115.

造成 106 条之二（a）款第（3）项规定的其他改动，106 条之二（a）第（2）项和第（3）项赋予作者的权利适用，除非——

（A）建筑物所有人通过诚意努力，未能通知到视觉艺术作品的作者其试图采取影响视觉艺术作品的行动；或

（B）建筑物所有人确实以书面形式发送了此类通知，但被通知者在收到通知后的 90 天内，未能移除作品或支付移除作品所需的费用。

建筑物所有人以挂号邮件，向作者根据第（3）项在版权局局长备案的最新地址寄送通知的，得推定该所有人作出了（A）目规定的发送通知的诚意努力。作品是由作者出资移除的，该复制件的所有权属于作者。

（3）版权局局长应当建立相关的备案制度，以在版权局备案混合在建筑物之中或作为建筑物一部分的视觉艺术作品的作者的身份和地址。版权局局长应当设定相关程序，使这些作者能够更新已经备案的信息，此外版权局局长还应当设定相关程序，使建筑物的所有人可以在版权局备案，证明其为遵守本款规定作出的努力。

114 条　录音作品专有权利的范围

（a）录音作品的著作权人享有的专有权利只限于 106 条第（1）、（2）、（3）和（6）项规定的权利，不包括 106 条第（4）项规定的表演的权利。

（b）录音作品的著作权人根据 106 条第（1）项享有的专有权利，只限于以直接或间接再现录音中固定的实际声音的录音制品或复制件的形式复制录音作品。录音作品的著作权人根据 106 条第（2）项享有的专有权利，只限于以对录音制品中录制的实际声音进行重新编曲、重新混音或改变模进或音色的方式，创作演绎作品。录音作品的著作权人根据 106 条第（1）、（2）项享有的专有权利，不得延及制作或复制完全由独立录制的其他声音构成的另一录音作品，即使该录音作品中的声音是在仿效或模仿版权录音作品中的声音。录音作品的著作权人根据 106 条第（1）、

（2）和（3）项享有的专有权利，不适用于由或通过公共广播机构（根据 118 条（f）款的定义确定）发行或传送的教育电视和广播节目（根据《美国联邦法典》第 47 编 397 条的定义确定），只要公共广播机构向一般公众发行或传送前述节目的复制件或录音制品的行为不具有商业性质。

（c）本条不限制或损害使用录音制品公开表演 106 条第（4）项规定的作品的专有权利。

（d）专有权利的限制——尽管有 106 条第（6）项的规定——

（1）免责的播送和转播——以数字音频播送的方式公开表演录音作品，该表演不是交互型业务的一部分并满足下列条件的，不构成 106 条第（6）项规定的侵权——

（A）非用户点播的广播传输；

（B）对非用户点播的广播传输作转播：就对无线广播电台的广播传输进行转播而言，应符合下列条件——

（i）未在距广播电台发射站 150 英里（半径）范围外，故意或多次转播广播电台的广播传输，但——

（I）美国联邦电信委员会批准的地面广播电台、地面播送站或地面转播站，以非用户点播方式，转播美国联邦电信委员会批准的无线电台的非用户点播的广播传输的，不适用本条有关 150 英里的限制的规定；且

（II）以用户点播的方式转播条文（I）中规定的非用户点播性质的转播的，150 英里的半径距离应当从转播者的发射站算起；

（ii）在符合下列条件时，转播构成无线广播电台播送的转播——

（I）转播者以无线接收的方式获得播送；

（II）转播者未对播送进行电子处理以发送独立的离散信号；且

（III）转播者仅在其当地服务区内进行转播；

（iii）1995 年 1 月 1 日，卫星转播机构向有线电视系统（根据 111 条（f）款的定义确定）转播无线电台的广播播送，有线电视系统以独立不相关的信号进行再次播送，并且卫星转播机构是以模拟的格式获得无线电台的广播播送的：前提是，进行再次播送的广播播送中含有不超过一家无线电台的节目；或

（iv）无线电台的广播播送是由根据《1934 年电信法》396 条（k）款（《美国联邦法典》第 47 编 396 条（k）款），于 1995 年 1 月 1 日或在此之后成立的非商业教育广播电台进行的，该播送中仅含有非商业文化教育广播节目，同时，转播应为地面广播转播，不论是否同步；或

（C）播送属于下列范围的——

（i）免责播送附带的既存播送或实时播送，如由免责播送者接收并转播的传输，条件是，此类附带播送不包含由公众直接接收的用户点播传输；

（ii）商业机构内的播送，该播送限定在商业机构的经营场所或与其紧邻的范围内；

（iii）转播者（包括《1934 年电信法》602 条第（12）项（《美国联邦法典》第 47 编 522 条第（12）项）定义的多频道视频节目播送组织）转播原始播送者经许可将公开表演录音作品作为播送内容一部分的，只要转播与被许可的播送同时进行且该转播经由原始播送者授权；或

（iv）向商业机构传输的、并供其在通常经营过程中使用的播送：前提是，商业接收者没有向其经营场所外或与其紧邻的区域范围外转播，同时，播送不能超出录音作品表演配额。本条文不得限制条文（ii）的免责范围。

（2）特定播送的法定许可——

根据（f）款，以数字音频点播的方式公开表演录音作品不属第（1）项免责之列的、适格的非点播播送或由已经存在的卫星数字音频广播服务进行的不属第（1）项免责之列的播送如符合下列条件，适用法定许可——

（A）（i）播送不是交互型业务的一部分；

（ii）除非是向商业机构传输的播送，播送机构没有通过机械或人为地使播送接收装置切换频道；和

（iii）除非 1002 条（e）款另有规定，经由或根据录音作品著作权人的授权，在技术可行时，录音作品的播送应当附有编录于录音作品中的信息（如果有的话），以指明录音作品的名称、音乐作品的主演艺术家和包括基础音乐作品及其作曲者在内的其他相关信息。

（B）如果是不属第（1）项免责之列的用户点播播送，是通过 1998 年 7 月 31 日用户点播服务使用的传输介质相同的既存用户点播服务进行的；或者如果是不属第（1）项免责之列的播送，是通过既存的卫星数字音频广播服务机构进行的，则需符合下列条件：

（i）该播送没有超出录音作品表演配额；

（ii）播送机构没有以事先分发的节目单或节目预告的方式，使被播送的特定录音作品或含有录音作品的录音制品的名称发表。

（C）如果是适格的非用户点播播送，或者是不属第（1）项免责之列的点播播送，通过新的用户点播服务或通过与 1998 年 7 月 31 日用户点播服务使用的传输介质不同的介质进行的既存用户点播服务作出的，则需符合下列条件：

（i）该播送没有超出录音作品表演配额，除此之外，播送机构没有权利或能力控制进行广播播送的广播电台的节目安排的，该机构对广播播送进行的转播不适用配额规定，除非——

（I）广播电台以下列方式进行传输——

（aa）以数字格式进行播送，经常超出录音作品表演配额；或

（bb）以模拟格式进行播送，其主要部分超出以周为单位计算的录音作品表演配额。同时

（II）录音作品的著作权人及其代理人已经以书面形式通知

播送机构，该机构广播播送的著作权人的录音作品超出本条规定的录音作品表演配额。

（ii）播送机构没有以事先分发的节目单或节目预告的方式，使被播送的特定录音作品或含有录音作品的录音制品的名称发表，除为了说明外，没有公布主演录音艺术家的名称，也没有诱使或推动这些信息的发表或公开。但播送机构对特定艺术家在将来某不特定的时间段内主演进行预告的不构成其上述信息的公开。同时，播送机构实际上不知道并且未曾收到著作权人或其代理人的书面通知，指称广播电台导致、诱使或推动事先分发节目单，或者事先分发节目单是以1998年9月30日及其前公布同类节目表的相同方式所做的音乐节目单的传统安排方式作出的，如果该播送机构没有权利或能力控制广播播送的节目安排，也不构成其诱使或推动上述信息的公开。

（iii）播送——（I）不是时长不到5小时的存档节目的一部分；

（II）不是在超过2周的时间段内可获得的，时长不短于5小时的存档节目的一部分；

（III）不是时长不到3小时的连续节目的一部分；或

（IV）不是以预先安排好的顺序展示录音作品表演的可识别节目的一部分，与存档节目或连续节目不同，此类节目以下列方式进行播送——

（aa）如果是时长不到1小时的节目，该节目在任何提前公开预告的2周期间内被播出的次数超过3次，或

（bb）如果是时长不短于1小时的节目，该节目在任何提前公开预告的2周期间内被播出的次数超过4次。如果该播送机构没有权利或能力控制广播播送的节目安排，本条款规定的要求不适用。但该播送机构收到著作权人的书面通知，指称广播电台经常性违反此类要求进行广播播送的除外。

（iv）播送机构在传输录音作品同时提供影像传输的服务中表演录音作品的，它的表演方式没有故意促成公众混淆、错误认

识或欺骗公众，让公众认为著作权人或主演艺术家与播送机构或其做广告的特定产品、服务存在联系或某种关系，或认为播送机构的活动与著作权人或主演艺术家存在来源、赞助、许可等方面的关系，而不仅仅是只表演了录音作品。

（v）在不给播送机构造成相当成本或负担的可行范围内，播送机构要与著作权人共同合作，以阻止播送接收者或其他个人和机构为了选择向播送接收方播送特定录音作品，而自动单独扫描播送机构的播送或同时扫描其他机构的播送。但，本条款的要求不适用于 1998 年 7 月 31 日前已经运营或由美国联邦电信委员会许可的卫星数字音频服务。

（vi）播送机构没有采取积极的措施造成或诱导播送接收者制作录音制品，播送机构采用的技术使播送机构能够限制播送接收者直接以数字格式制作播送的录音制品的，播送机构应当在技术可行的范围内，设置技术以限制制作此类录音制品。

（vii）经著作权人授权，录音作品的录音制品已经向公众发行的，或著作权人授权播送机构播送录音作品，播送机构从合法制作的录音制品中制作播送的；除此之外，如果该播送机构没有权利或能力控制广播播送的节目安排，本条款规定的要求不适用于其对广播传输进行的转播。但该播送机构收到录音作品著作权人的书面通知，指称广播电台经常性违反此类要求进行广播播送的除外。

（viii）播送机构兼容并且没有妨碍著作权人广泛使用的用于标识或保护版权作品的技术措施，该技术措施没有给播送机构造成相当的成本或负担，也没有引起数字信号在听觉或视觉上能够感知到的效果退化；除此之外，如果在技术措施被录音作品著作权人广泛采用之前，卫星数字音频服务已经设计、研发或签订协议购买与此类技术措施不兼容的设备或技术，本条款的要求不适用于 1998 年 7 月 31 日前已经运营或由美国联邦电信委员会授权许可的卫星数字音频服务。

（ix）在录音作品表演过程中（而非之前），播送机构用文本数据标识录音作品的名称、含有此类录音作品的录音制品的名称（如果有的话），主演艺术家的姓名。播送机构标识这些信息的方式应当能够通过播送机构提供的接收传输服务的装置或技术向播送接收者显示出此类信息。但本条文规定的义务在《千年数字版权法》施行之日起一年后始得生效；播送机构没有权利或能力控制广播播送的节目安排，本条款规定的要求不适用于其对广播播送进行的转播；能够显示此类文本数据的、用于接收播送机构提供的服务的装置或技术在市场中不常见的，也不适用本条文的规定。

（3）交互业务中播送的许可——

（A）不得根据 106 条第（6）项，在超过 12 个月的期间内授予任何交互式业务以数字音频播送的方式公开提供录音作品表演的独占许可。除此之外，如果是 1 000 份以下录音作品著作权持有者，其向交互式业务授予的独占许可的期间不得超过 24 个月；而且，此类独占许可的被许可人既存前独占许可期满时起 13 个月内，不论如何也没有权利就该录音作品表演获得另一份独占许可。

（B）如符合下列条件，本项（A）目中规定的限制不适用——

（i）根据 106 条第（6）项，许可人许可（并仍然生效）至少 5 家交互式业务以数字音频播送的方式提供录音作品的公开表演。但每一个许可至少应当占到许可者拥有并已经许可给交互式业务的版权录音作品数量的 10%，且不得少于 50 份；或

（ii）单纯以促进录音作品的发行或表演为目的，独占许可公开表演不超过录音作品的 45 秒时长。

（C）尽管根据 106 条第（6）项的规定获得了公开表演的独占或非独占许可，交互式服务不得公开表演录音作品，除非它同时获得了录音作品中的全部版权音乐作品的公开表演的许可；此类公开表演版权音乐作品的许可是由代表著作权人的表演权协会或著作权人授予的。

（D）如符合下列条件，通过转播数字音频传输的形式进行录音作品表演的，不构成对 106 条第（6）项权利的侵犯——

（i）转播的是经许可公开表演录音作品的交互式业务向特定公众进行的播送，转播是此播送的一部分；且

（ii）转播与经许可的播送同步，经播送者授权，且仅面向交互式业务原定的特定公众的接收者。

（E）在本项规定中——（i）许可人应当包括许可机构和任何不同程度实质上共同拥有、管理、控制的录音作品版权的其他机构。

（ii）表演权协会，是指诸如美国作曲家、作者和出版者协会、广播音乐公司、西赛克表演权协会等，代表著作权人许可公开表演非戏剧性音乐作品的组织或公司。

（4）权利不受其他限制——（A）除非本条明确规定，本条不限制或削弱根据 106 条第（6）项产生的以数字音频播送的方式公开表演录音作品的专有权利。

（B）本条不以任何方式废除或限制——（i）106 条第（4）项的公开表演音乐作品的专有权利，包括以数字音频播送的方式传输。

（ii）依据 106 条第（1）、（2）、（3）项产生的录音作品或包含其中的音乐作品的专有权利；或

（iii）106 条其他条款规定的任何权利，或根据本法可能获得的救济，不论此类权利或救济存在于《1995 年录音作品数字表演权法》施行前还是施行之后。

（C）本条关于 106 条第（6）项专有权利的限制，只适用于 106 条第（6）项中的专有权利，不适用于 106 条中的其他专有权利。本条中的任何内容不得用于废除、限制、削弱或以其他任何方式影响录音作品著作权人实现其依据 106 条第（1）、（2）、（3）项享有的权利的能力或根据这些权利获得本法提供的救济的能力，不论此类权利或救济存在于《1995 年录音作品数字表演权法》施行前还是施行之后。

（e）协商的权力——（1）不论反垄断法如何规定，在根据
（f）款商定法定许可时，录音作品的著作权人可以和受本条规制
的表演录音作品的机构协商，并就交付版税的比率、表演录音作
品的条件以及各著作权人收取费用的比率达成协议，也可以指定
共同代理人协商、代为同意、支付或接收版税。

（2）如果是根据106条第（6）项授予的许可，而不是法定
许可，如交互式业务进行的表演或超出录音作品表演配额的的表
演——

（A）受本条规制的录音作品的著作权人可以指定共同代理
人以其名义授予许可、接收或减免版税款额，前提是著作权人应
当自己单方设定版税费率、主要的许可条件和要求，不是与录音
作品的其他著作权人协商、联合或共同设定的。

（B）受本条规制的表演录音作品的机构可以指定共同代理
人为其获得许可、收取或支付版税，前提是表演录音作品的机构
应当自己单方设定版税费率、主要的许可条件和要求，不是与其
他表演录音作品的机构协商、联合或共同设定的。

（f）特定非免责播送的许可。（1）（A）第8章规定的程序
应当确定，自程序启动年的下一年1月1日起的5年期间内，
（d）款第（2）项规定的既存点播服务的点播播送和既存卫星数
字音频广播服务播送所需版税的合理费率和条件，但《2004年
著作权版税和发行改革法》第6条（b）款第（3）项规定的过渡
期间或各方可能同意的其他期间除外。此类条件和比率应当对当
时运营的不同类型的数字播送服务加以区分。录音作品的著作权
人、既存点播服务者、既存卫星数字音频广播服务者可以向版税
裁判官提交申请，获得有关此类录音作品点播播送的许可，程序
各方应当自行承担成本。

（B）版税裁判官裁定的合理费率和条件需符合第（3）项的
规定，在（A）目规定的5年期间内、《2004年著作权版税和发
行改革法》第6条（b）款第（3）项规定的过渡期间或各方可能
同意的其他期间内，对所有录音作品的著作权人和受本条规制的

表演录音作品的机构具有约束力。为既存点播服务、既存卫星数字音频广播服务设定此类费率和条件时，版税裁判官除考虑 801 条（b）款第（1）项规定的目标外，还可以参照可类比的既存点播服务、既存卫星数字音频广播服务达成的（A）目规定的自愿许可协议而可能确定的费率和条件。

（C）当表演录音作品的既存点播服务、既存卫星数字音频广播服务将启用新型数字音频传输点播服务时，为了确定从此类新服务开始日起至根据（A）目或（B）目以及第 8 章为数字音频点播播送最新制定的版税费率和条件期满时止的期间内，或各方同意的其他期间内的合理版税和条件，（A）、（B）目的程序应当根据录音作品的著作权人、既存点播服务者、既存卫星数字音频广播服务者的申请启动。

（2）（A）第 8 章规定的程序应当确定，自程序启动年的下一年 1 月 1 日起的 5 年期间内，（d）款第（2）项指定的适格非点播播送服务和新型点播服务进行的公开录音作品表演所需的版税款额的合理费率和条件，但《2004 年著作权版税和发行改革法》第 6 条（b）款第（3）项规定的过渡期间或各方同意的其他期间除外。费率和条件应当对当时运营的不同类型的适格非点播播送服务和新型点播服务加以区分，并应当包含各类型服务所需缴纳的最少费用。录音作品的著作权人或受本项规制的表演录音作品的机构可以向版税裁判官提交申请，获得有关适格非点播播送和新型点播服务使用此类录音作品点播播送的许可，程序各方应当自行承担成本。

（B）版税裁判官裁定的合理费率和条件，需符合第（3）项的规定，在（A）目规定的 5 年期间内、《2004 年著作权版税和发行改革法》第 6 条（b）款第（3）项规定的过渡期间或各方同意的其他期间内，对所有录音作品的著作权人和受本条规制的表演录音作品的机构具有约束力。该费率和条件应当对当时运营的不同类型的适格非点播播送服务和新型点播服务加以区分，并应当包含各类型服务所需缴纳的最少费用。在对当时运营的不同类型的数字播送服务加以区分设定不同标准时，应当考虑但不限于下列事项：使用录音作品的数量和性质、使用服务在多大程度上会替代或促进录音制品的销售。

裁定适格非点播播送服务和新型点播服务所需的版税的合理费率和条件时，版税裁判官应当选择能够最大限度体现市场中有购买意愿和出卖意愿的主体之间通过协商而可能达成的结果的费用。在裁定此类费用和条件时，版税裁判官应考虑各方提供的经济方面、竞争力方面和节目方面的信息，包括——

（i）使用服务是否会替代或促进录音制品的销售，或者是否会妨碍或加强著作权人其他渠道的收入；

（ii）著作权人和播送组织对版权作品和向公众提供服务中作出的相应的创造性贡献、技术贡献、资金投入、成本和风险，确定的相对重要性。在裁定此类费用和条件时，版税裁判官可以参照类似数字音频播送服务达成的（A）目规定的自愿许可协议而可能设定的费率和条件。

（C）当录音作品的著作权人、适格的非点播服务的服务者、新用户点播服务的服务者证明表演录音作品的适格的非点播服务将启用新型适格的非点播服务、新点播服务时，为了确定从此类新服务开始日起至根据（A）目或（B）目以及第8章为适格的非点播服务、新点播服务（根据具体情况确定）最新制定的版税费率和条件期满时止的期间内，或各方同意的其他期间内的合理版税和条件，录音作品的著作权人、适格的非点播服务的服务者、新用户点播服务的服务者可以申请启动（A）、（B）目的程序。

（3）任何时间，一名或多名非戏剧音乐作品的著作权人和一名或多名根据（a）款第（1）项有权进行法定许可使用的主体通过自愿协商达成的许可协议生效时，协议将替代美国国会图书馆馆长作出的决定或版税裁判官所作的裁定。

（4）（A）版税裁判官还可以设立必要的条件，使著作权人可以接收到本条中的使用其作品的合理通知，要求进行录音作品表演的机构保存并提供此类使用记录。接收通知和保存记录的规则早于《2004年著作权版税和发行改革法》施行之日生效的，此类规则仍然有效，直至版税裁判官颁布新的条例。如果新的条例是根据本目颁布的，版税裁判官应当考虑《2004年著作权版税和发行改革法》施行之日前生效的规则的内容和后果，并应当在实际可行的范围内，避免明显干扰经授权收取和分配版税的指定代理人发挥其职能。

（B）如符合下列条件，希望以本款法定许可的条件播送公开表演录音作品的，可以实施该行为而不侵犯录音作品著作权人的专有权利——

（i）遵守版税裁判官通过条例规定的通知条件，并根据本款支付版税；或

（ii）版税未经设定的，同意支付根据本款确定的版税。

（C）拖欠的版税，应当在版税设定后的下一月的第20天前付清。

（5）（A）不管112条（e）款和本款的其他规定如何规定，接收代理人可以就一家或多家商业或非商业网络广播，自2005年1月1日起的不超过11年的期间内实施符合112条（e）款和本款规定的复制和表演录音作品的行为签订协议。根据（B）目，该协议经《联邦公报》公布后将替代版税裁判官的裁定，对所有录音作品的著作权人和根据本条有权接收版税者具有约束力。与商业网络广播达成的协议可以规定依照收入或花费或同时根据二者确定的比例支付版税，并应包括最低费用。此类协议可以规定其他条件和要求，包括使著作权人可以接收到依照本条使用其作品的通知，商业或非商业网络广播应当保存并提供此类使用记录。接收代理人没有义务就此类协议进行协商。接收代理人没有义务替录音作品的著作权人或根据本条有权接收版税者就此类协议进行协商，也不因签订了此类协议而对录音作品的著作权人或根据本条有权接收版税者承担责任。

（B）版权局应当促成在《联邦公报》上公布每一份根据

（A）目签订的协议。公布的内容中应当包括一份含有（C）目宗旨的声明。此类协议不应被收录于《美国联邦法规汇典》中。此后，此类协议中设定的条件，应当作为选择项提供给符合此类协议要求的商业或非商业网络广播。

（C）通过特定的行政、司法或其他政府程序设定或调整公开表演或以暂时性录音制品、复制件的形式复制录音作品所需交纳的版税以及确定相关的使用条件或要求时，或版税裁判官根据第（4）项或112条（e）款第（4）项，设立接收通知和保存记录的要求时，都不得考虑（A）目或根据（A）目签订的协议中的规定，包括其中设定的比率安排、费用、条件、要求或接收通知和保存记录的规则，也不得将其作为证据采信。国会的意图是，此类协议中设定的比率安排、费用、条件、要求或接收通知和保存记录的规则应当是在网络广播所处的特定经营、经济和政治环境、著作权人和表演者之间的达成的妥协，而非市场中有购买意愿和出卖意愿的主体之间通过协商而可能达成的结果，或以其他方式符合801条（b）款中相关规定的目的。根据（A）目签订的协议的当事人（接收代理人和网络广播），在协议中明确授权，可以在本条规定的程序中提交协议的，不适用本款的规定。

（D）联邦上诉法院哥伦比亚特区巡回庭，对版税裁判官于2007年5月1日根据112条和114条对录音作品或暂时录音的数字表演的版费率和条件作出的裁定进行审查时，不得考虑《2008年网络广播和解法》《2009年网络广播和解法》或根据（A）目签订的协议。

（E）本款中下列用语的含义——

（i）非商业网络广播，是指符合下列条件的网络广播——

（I）根据《1986年美国国内税收法》501条（《美国联邦法典》第26编501条）的规定，可以免交税款；

（II）根据《美国国内税收法》501条的规定，善意地向美国内地税务局申请免税，且合理的商业预期表明其应当被免税；或

（III）仅为了公共目的，由州、属地、政府部门或其附属机构或美国、哥伦比亚特区运营；

（ii）接收代理人的含义适用在 2002 年 7 月 8 日的《联邦公报》中公布的《美国联邦法规汇典》第 37 编 261.2 条给出的定义；

（iii）网络广播者，是指根据 112 条或 114 条和据此颁布的条例而获得了法定许可的个人或机构。

（F）根据（A）目作出和解的权利截至《2009 年网络广播和解法》施行之日起第 30 日的东部时间下午 11 时 59 分。

（g）许可播送的收益——

（1）除根据本条（f）款的法定许可作出的许可播送外——

（A）录影作品的主演艺术家，在该录音作品被许可播送时，有权根据艺术家签订的合同中设定的条件，从录音作品的著作权人那里获得报酬；

（B）录影作品的非主演艺术家，在该录音作品被许可播送时，有权根据非主演艺术家适用的合同或其他可适用的协议，从录音作品的著作权人那里获得报酬。

（2）根据（f）款分发许可播送收入的指定代理人，应当按照下列要求分发收入：

（A）以数字音频播送的方式公开表演录音作品的，收入的一半应当付给本法 106 条第（6）项规定的享有专有权利的著作权人。

（B）收入的 2.5％ 应当交存由录音作品著作权人和美国音乐家联合会（或其继受机构）共同指定的，由独立管理者管理的条件交付账户，以将该部分收入分发给录音作品的非主演艺术家（不论其是否为美国音乐家联合会的成员）。

（C）收入的 2.5％ 应当交存由录音作品著作权人和美国电视及无线电广播艺术家联合会（或其继受机构）共同指定的，由独立管理者管理的条件交付账户，以将该部分收入分发给录音作品的非主演歌唱家（不论其是否为美国电视及无线电广播艺术家联合会的成员）。

（D）以单份录音作品为基础，收入的 45％应当付给录音作品艺术家或者该录音作品的主演艺术家（或转让录音作品艺术家表演权利的人）。

（3）根据（f）款，经指定分发许可播送收入的非营利代理人，在向任何有权接收此类收入的个人或机构分发收入前，可以扣除该代理在 1995 年 11 月 1 日后因下列事项产生的合理成本，但著作权人和表演者决定从另一代理人处接收版税并已书面通知原代理人的除外：

（A）因对版税的收取、分发和计算而产生的管理费用；

（B）因对收取和计算版税相关的争端进行调解而产生的费用；

（C）根据 112 条和本条规定的许可，发放制作暂时录制和表演的许可或实施权利而产生的费用，包括参与 112 条和本条规定的协商或仲裁程序产生的费用。但因 112 条暂时录制的权利产生的费用，只能从根据 112 条规定而收取的版税中扣除。

（4）不管第（3）项如何规定，著作权人和表演者同与其有合同关系的代理人之间，约定可以从版税中扣除相关成本的，根据（f）款，经指定分发许可播送收入的代理人，可以在分发收入前，扣除该代理在 1995 年 11 月 1 日后产生的，符合第（3）项规定的合理成本。

（h）对附属机构的许可——（1）录音作品的著作权人授予附属机构 106 条第（6）项规定的以数字音频播送的方式表演录音作品的权利的，该著作权人应当以不低于所有提供类似服务而进行诚意交涉的机构设定的条件和要求提供给附属机构 106 条第（6）项规定的录音作品的许可。除非在服务的类型、特定的录音作品、使用作品的频率、用户的数量或许可期间而言，请求的许可在范围上存在实质性的差别。

（2）著作权人如果是作出下列许可的，不适用本款第（1）项规定的限制——（A）交互式业务；或

（B）许可特定机构公开表演录音作品没有超过 45 秒，该表

演的目的只是促进录音作品的发行或表演。

(i) 基础作品的版税不受影响——在设定或调整因公开表演音乐作品而需向音乐作品的著作权人缴纳的版税的特定行政、司法或其他政府程序中，不得考虑 106 条第（6）项中因公开表演录音作品而需缴纳的许可费。国会的意图是，因公开表演音乐作品而需向其著作权人缴纳的版税，不能因 106 条第（6）项赋予的权利而有任何减少。

(j) 定义——本条中下列用语的含义：

(1) 附属机构，是指从事 106 条第（6）项包含的数字音频播送业务，但不从事交互业务的机构，在该机构中，许可者直接或间接拥有的合伙关系或所有者权益总计占已发行的有表决权股票或无表决权股票的 5％ 或更多。

(2) 存档节目，是指预先安排好的，根据播送接收者的指令可反复向其提供并以同一顺序从头播送的节目，此外，存档节目不包括仅仅是附带使用录音作品的事件记录或广播播送，而该事件记录或广播播送不包含完整的录音作品或突出特定的录音作品。

(3) 广播播送，是指由美国联邦电信委员会批准的地面广播电台进行的播送。

(4) 连续节目，是指以预先确定的相同顺序连续播出的节目，接收者无法控制在节目的哪一部分接入。

(5) 数字音频播送，是指 101 条定义的含有录音作品播送的数字播送。本条中，数字音频播送不包括任何视听作品的播送。

(6) 适格的非点播播送，是指不属（d）款第（1）项免责之列的非交互式的非点播数字音频播送，该播送是提供部分或全部构成录音作品表演的音频节目服务的一部分，包括以向公众提供广播或其他娱乐节目为主要目的的广播播送转播，同时，该服务不以出售、广告或推销录音作品、现场音乐会或其他与音乐相关的业务活动以外的特定产品或服务为主要目的。

(7) 交互业务，是指使得一部分公众能够接收为接收者特别制作的节目传输的业务，或根据用户要求接收由接收者挑选或以其名义挑选的特定录音作品的播送，不论播送是否为节目的一部分。根据指令，服务中每一频道的节目在 1 小时内，或在播送机构或发出要求的用户设定的时间段内，主要不是由录音作品构成的，个体用户即使能够要求特定录音作品的表演为广大公众所接收，或在用户点播服务下能够为全体用户所接收，也不是交互业务。服务机构既提供交互业务又提供非交互业务的（不论同时与否），非交互配额不得视为交互业务的一部分。

（8）新点播服务，是指以非交互数字音频点播播送方式表演录音作品，不同于既存点播服务或既存卫星数字音频广播服务的服务。

（9）非点播播送，是指不同于点播播送的播送。

（10）既存卫星数字音频广播服务，是指根据美国联邦电信委员会于 1998 年 7 月 31 日或之前颁布的卫星数字音频广播服务许可以及在原始许可范围上作出的续展许可，而提供的点播性质的卫星数字音频广播；并且，为了推销点播服务，可以包含一定数量的以非点播形式提供的代表点播服务的试用频道。

（11）既存的点播服务，是指以非交互式进行的仅限于音频点播的通过数字音频播送方式表演录音作品的服务，该服务于 1998 年 7 月 31 日或之前就存在且为收取费用而面向公众制作此类播送。同时，为了推销点播服务，可以包含一定数量的以非点播形式提供的代表点播服务的试用频道。

（12）转播，是指进一步播送初始播送，并且包括任何再次转播相同播送的播送。除非本条另有规定，要求只有与原始播送同时进行的播送才是转播。本定义中任何内容不得解释为，免除不符合 114 条（d）款第（1）项免责规定的任一独立要件要求的播送的责任。

（13）录音作品表演配额，是指播送机构在其使用的特定频道中进行的任一时长为 3 小时的播送期间内——

（A）如果是从在美国境内向公众合法发行或销售的同一录

音制品中挑选出 3 个不同的录音作品，则没有连续播送 2 个以上挑选出来的作品的；或

（B）如果挑选出 4 个不同的录音作品——

（i）此类作品由同一主要录音艺术家表演；或

（ii）此类作品挑选自作为一个整体在美国境内向公众合法发行或销售的用于公开表演的录音制品系列或汇编，并且没有连续播送 3 个以上挑选出来的作品：

即使播送从多份录音制品中挑选出的作品数，超过了条文（A）和（B）规定的数量限制的，只要对多份录音制品进行的节目安排不是故意想要规避此类条文规定的数量限制，则该播送仍然符合录音作品表演配额。

（14）点播播送，是指控制在并限定于特定接收者接收的播送，接收者接收点播播送或一系列含有此类播送的播送，应当或以其名义支付费用或以其他方式作出补偿。

（15）播送，是指原始播送或转播。

115 条　非戏剧音乐作品专有权利的范围：制作和发行录音制品的强制许可

如果是非戏剧音乐作品的，在符合本条规定条件的情况下，106 条第（1）项和第（3）项规定的制作和发行此类作品的录音制品的专有权利受到强制许可的限制。

（a）强制许可的范围——

（1）非戏剧音乐作品的录音制品经著作权人授权已经在美国境内向公众发行的，任何主体（包括制作录音制品和进行数字录音制品传输的主体）可以根据本条的规定，获得制作和发行作品录音制品的强制许可。如果制作录音作品的目的是以供私人使用向公众发行（包括数字化传输录音制品），则录音制品制作人可以获得强制许可。制作以复制由其他主体录制的录音作品为内容的录音制品的，除符合下列条件外，不能获得作品的强制许可：

（i）该录音作品是合法录制的；且

（ii）制作录音制品获得了录音作品的著作权人的授权，或录音作品是在 1972 年 2 月 15 日前录制的，该录制行为是根据音乐作品的著作权人的明确许可实施的，或根据使用录音作品中的此类作品的有效的强制许可实施的。

（2）强制许可包括对作品进行必要限度的编曲的权利，以使作品符合表演所诠释的风格或方式；然而编曲不得改变作品的基本旋律或主要特征，也不得作为演绎作品而受本法保护，但著作权人明确表示同意的除外。

（b）获得强制许可的意思通知——

（1）任何希望获得本条强制许可的主体，应当在制作作品的录音制品前或制作完成后的 30 日内且在发行该录音制品前，向著作权人送达要制作或发行录音制品的通知。版权局的备案或其他公共记录没有指明著作权人身份，也没有记载能够送达通知的地址的，在版权局交存通知即可。通知应当符合版权局局长在条例中规定的格式、内容和送达方式。

（2）未能送达或交存第（1）项规定的通知的，不能获得强制许可，与此同时，没有达成协议许可的，会导致制作和发行录音制品的行为构成 501 条规定的侵权行为，并完全适用 502 至 506 条以及 509 条规定的救济。

（c）因强制许可得支付的版税——

（1）为获得强制许可下有权收取的版税，著作权人必须在版权局的备案记录或其他公共记录中表明著作权人身份。表明身份后，著作权人有权收取其后录音制品的制作和发行的版税，但无权就表明身份前实施的制作和发行录音制品的行为收取费用。

（2）除非第（1）项另有规定，强制许可下的版税应当包括根据许可，制作和发行的全部录音制品所需支付的费用。为此，除第（3）项另有规定外，实施强制许可的主体依其意愿永久丧失对录音作品占有的，该录音作品视为已经发行。就包含在录音制品中的任一作品而言，其版税为 2.75 美分或按照每 1 分钟（不足 1 分钟的按 1 分钟算）播放时间 0.5 美分计算，以其数额较大者为准。

（3）（A）本条规定的强制许可包括，被许可人以数字化录音作品传输的数字播送的方式发行或授权发行非戏剧音乐作品的录音制品的权利，不论该数字播送是否为本法106条第（6）项规定的公开表演录音作品或是否为本法106条第（4）项规定的非戏剧音乐作品的公开表演。对于强制许可的被许可人及其授权的人进行的每一份数字录音制品传输——

（i）发生在1997年12月31日及之前的，因强制许可需支付的版税，按照第（2）项和本法第8章的规定计算；

（ii）发生在1998年1月1日及之后的，因强制许可需支付的版税，按照（B）目至（E）目和本法第8章的规定计算。

（B）不论反垄断法如何规定，非戏剧音乐作品的著作权人可以和根据（a）款第（1）项有权获得法定许可的主体协商，并就缴付版税的比率和条件以及各著作权人收取费用的比例达成协议，也得以非独家授权的形式，指定共同代理人协商、代为同意、支付或接收版税。协商版税的数额和条件的权利，包括但不限于，下次确定本目、（B）目至（E）目和本法第8章规定的版税的年度。

（C）第8章规定的程序，应当确定自版税费率和条件生效之日起但不早于启动程序申请提交之后的第2年的1月1日，至替代费率和条件生效时止的期间，或其他各方同意的期间内，本条规定的行为所需支付的版税的合理税率和条件。此类条件和税率应当根据以下分类作出区分。

（i）复制或发行录音制品附随数字录音制品传输的播送发生的数字录音制品传输；和

（ii）一般情况下的数字录音制品传输。非戏剧音乐作品的著作权人和有权根据（a）款第（1）项规定实施法定许可的主体，可以向版税裁判官提交申请，获得实施此类行为的许可。各方应当自行承担程序产生的成本。

（D）版税裁判官确定的合理版税费率和条件，符合（E）目的规定的，在（C）目规定的期间内，或根据（B）目、（C）目规定裁定的其他期间内，或在其他各方同意的期间内，对所有非戏剧音乐作品的著作权人和根据（a）款第（1）项有权获得法定许可的主体具有约束力。此类条件和费率应当根据以下分类情况作出区分。

（i）复制或发行录音制品附随数字录音制品传输的播送发生的数字录音制品传输；和

（ii）一般情况下的数字录音制品传输。

除801条（b）款第（1）项规定的目的外，在确定版税费率和条件时，版税裁判官还可以参照（B）目、（C）目规定的自愿许可协议中设定的版税费率和条件。本条规定的数字录音制品传输强制许可使用所需支付的版税费率应当重新设定，1997年12月31日及之前发生的数字录音制品传输的强制许可的版税额，不具有先例效力。版税裁判官得设立必要的条件，使著作权人可以接收依照本条使用其作品的合理通知，要求进行数字录音制品传输者保存并提供此类使用记录。

（E）（i）任何时间，一名或多名非戏剧音乐作品的著作权人和一名或多名根据（a）款第（1）项有权获得法定许可的主体通过自愿协商达成的许可协议生效时，协议将替代美国国会图书馆馆长作出的决定或版税裁判官所作的裁定。根据（C）目、（D）目，就数字录音制品传输确定的版税费率，符合第（ii）项规定的，将替代任何其他不同的费率，这些费率是非戏剧音乐作品作者的录音艺术家，根据106条第（1）项和第（3）项规定，自己或委托他人，向希望以有形形式录制含有音乐作品的录音作品的主体，授予其音乐作品的专有权利的强制许可时，在合同中规定的。

（ii）第（i）项中第2句的规定不适用下列情形——

（I）合同是在1995年6月22日或之前订立的，此后没有因依照（C）目和（D）目确定的版税费率降低费率或因增加降低后的费率适用的合同范围内音乐作品的数量而作出修改。但如果是在 1995 年 6 月 22 日或之前订立的合同，而后因增加合同范围内音乐作品的数量作出修改的，对于在 1995 年 6 月 22 日合同范围内的音乐作品而言，适用合同规定的版税费率，而不是根据（C）目和（D）目确定的版税费率；

（II）合同如果是在录音作品固定在有形物质载体之上且主要以用于商业发行的有形形式固定之日后订立的，在合同订立时，录音艺术家保留了 106 条第（1）项和第（3）项规定的许可使用音乐作品的权利。

（F）除非本法 1002 条（e）款另有规定，本款的数字录音制品传输，由或经录音作品的著作权人授权，在录音作品上标明相关信息（如果有的话），指明录音作品的名称、录音作品中的主演录音艺术家以及基础音乐作品的信息及其作曲者等其他相关信息。

（G）（i）录音作品的数字录音制品传输构成 501 条规定的侵权的，并完全适用 502 条至 506 条规定的救济，除非——

（I）数字录音制品传输经录音作品的著作权人授权；

（II）录音作品的著作权人或实施数字录音制品传输的主体获得了本条规定的强制许可，或以其他方式获得了音乐作品著作权人的授权，以数字录音制品传输的方式发行或授权发行录音作品中的全部音乐作品。

（ii）本款规定的诉由，是非戏剧音乐作品的著作权人依（c）款第（6）项和 106 条第（4）项或录音作品的著作权人依 106 条第（6）项能够获得的诉由的补充。

（H）应当根据相应的的可适用的法律，确定录音作品著作权人对录音作品之中的非戏剧音乐作品的著作权人承担的侵权责任；但录音作品的著作权人没有许可发行非戏剧音乐作品的录音制品的，录音作品的著作权人不对第三方实施的数字录音制品传输承担责任。

（I）就数字录音制品传输而言，1008 条的任何内容不得解释为，妨碍本项、第（6）项和第 5 章规定的权利的行使和救济。

此外，不得依据该条规定的行为向数字录音设备、数字录音存储媒介、模拟录音设备或模拟存储媒介的制造商、进口商或批发商或消费者提起本法著作权侵权的诉讼。

（J）本条规定不得废除或限制：

（i）106 条第（4）项和 106 条第（6）项规定的公开表演录音作品或录音作品中的音乐作品的专有权利，包括以数字播送方式进行的公开表演；

（ii）106 条第（1）项和 106 条第（3）项规定的复制和发行录音作品或录音作品中的音乐作品的专有权利，包括以数字录音制品传输方式进行的复制和发行，满足本条规定的强制许可条件的除外；

（iii）106 条其他条文规定的权利或本法规定的救济，不论此类权利或救济存在于《1995 年录音作品数字表演权法》生效前还是生效后。

（K）本条有关数字录音制品传输的规定，不适用于 114 条（d）款第（1）项规定的免责播送或转播。就此类播送或转播而言，114 条（d）款第（1）项规定的免责，不扩大或缩减 106 条第（1）项至第（5）项规定的著作权人的权利。

（3）本条规定的法定许可包括，依（a）款第（1）项规定，非戏剧音乐作品的录音制品的制作者通过出租、出借或具有出租、出借性质的行为发行或授权发行此类录音制品的权利。除第（2）项和本法第 8 章规定的需支付的版税外，强制许可的被许可者应当对其自己或其授权，通过出租、出借或具有出租、出借性质的行为发行录音制品的每一个行为，支付版税。对录音制品中的非戏剧音乐品而言，本项规定中版税应为强制许可发行录音制品行为的收益的一部分，费率应当与根据第（2）项和本法第 8 章规定的在强制许可发行录音制品的收益抽取版税的费率相同。版权局局长应当颁布条例以贯彻实施本项的目的。

（4）缴纳版税的日期不能晚于每月的第 20 日，该版税应当包括下个月的所有版税费用，应当依照誓约和版权局局长在其条例中的规定，缴纳每月的费用。版权局局长应该在条例中规定，提交与本条授予的强制许可有关的、由注册会计师认证的、详细记录年度版税累计清单。规定月度和年度清单的条例，应当规定录音制品制作和发行数量的证明书的格式、内容和形式。

（5）著作权人到期未能收到每月的付款和每月及年度清单的，该著作权人得以书面形式向被许可者发出通知，指出除非自通知之日起 30 日内弥补失误，否则将自动终止强制许可。该终止将导致所有未付费的制作、发行录音制品的行为构成 501 条规定的侵权，且完全适用 502 条至 506 条规定的救济。

（d）定义——本条中使用的下列用语的含义：

数字录音制品传输，是指通过录音作品的数字化播送进行的任何一次录音制品的传输，传输使接受录音作品的录音制品的播送者进行了特定可识别的复制或为该接受者进行了复制，而不论数字化播送是否公开表演了录音作品或录音作品中的非戏剧音乐作品。数字录音制品传输，不产生于实时、非交互式点播的录音作品的播送，在播送开始至接收的过程中，为听见录音作品，播送接受者没有复制录音作品或其中的音乐作品。

116 条　投币点唱机公开表演的协商许可

（a）适用——本条适用于任何包含于录音制品内的非戏剧性音乐作品。

（b）协商许可——

（1）协商授权——本条适用的任何作品的著作权人可以和任何投币点唱机的经营者协商，并就表演此类作品的版税、条件和各著作权人收取费用的比率达成协议，也得指定共同代理人协商、代为同意、支付或接收版税。

（2）第 8 章规定的程序——不受协商约束的各方，可通过第 8 章规定的程序确定第（1）项规定的条件、版税和费用的分配。

（c）协议效力优于版税裁判官的裁定——一名或多名著作权人和一名或多名投币点唱机的经营者根据（b）款，通过自愿协商达成的许可协议生效时，该协议替代版税裁判官所作的裁定。

（d）定义——本条中下列术语的含义：

（1）投币点唱机，是指如下机器或装置——

（A）投入硬币、货币、代币或其他货币代替物或类似物品后即可使用，并仅用于通过录音制品表演非戏剧性音乐作品；

（B）位于商业经营场所之内，未直接或间接收取门票；

（C）配有所有可供表演的音乐作品的名称列表，并将列表附在点唱机上，或贴在商业机构中可由公众随时查阅的显著位置；

（D）提供并允许点唱机所在商业经营场所的顾客选择可供表演的作品。

（2）经营者，是指独自或与其他主体共同——

（A）拥有投币点唱机；

（B）能够在商业经营场所内设置用于公开表演的投币点唱机；或

（C）能够直接控制投币点唱机中可供公开表演的音乐作品的选取。

117 条 专有权利的限制：计算机程序❶

（a）复制件所有人制作备份复制件或修改复制件——

不管 106 条如何规定，计算机软件复制件的拥有者制作或许

---

❶ 《美国著作权法》虽然规定了对于计算机软件的保护，但有关的规定非常简单，只有一个关于计算机软件的定义和一个关于权利限制的条文。至于《美国著作权法》如何保护计算机软件，以及在何种程度上保护计算机软件，都只能由法院在具体的判例中，运用《美国著作权法》的一般原理和规则而加以解决。从这个意义上说，美国关于计算机软件版权保护的规定，就主要不是见之于法典之中，而是见之于判例之中。如果仅仅引证法典中的简单规定，就会遗失计算机软件版权保护的许多规则，同时也难以说明软件版权保护的真实情况。参见：李明德. 美国《版权法》对于计算机软件的保护 [J]. 科技与法律，2005（1）.

可制作备份或修改该程序的，如符合下列条件，不构成侵权：

（1）进行备份或修改，是配合机器使用计算机程序必需的步骤，且没有以其他任何方式使用；或

（2）备份或修改的复制件仅为存档之用，在继续合法拥有计算机程序的状态终止后，立即销毁全部存档复制件。

（b）出租、销售或以其他方式移转备份复制件或修改后的复制件——

根据本条规定制作的完全一致的复制件，得随制作该复制件的原件一道出租、销售或以其他方式移转，作为出租、销售或移转计算机程序中所有权利的一部分。只有经著作权人授权后，才可以移转修改后的复制件。

（c）计算机维护修理——不管106条如何规定，计算机中已合法预装经授权的程序复制件的，计算机的拥有者或承租人为了维护或修理计算机，制作或许可制作备份，制作该备份复制件完全依赖于激活已经合法预装经授权使用软件的计算机，并具备下列条件的，不构成侵权：

（1）备份复制件没有以任何其他方式使用，在维护或修理完成后立即销毁；且

（2）除依赖于激活后的计算机制作备份复制件外，没有访问或使用任何与激活计算机无关的计算机程序或零件。

（d）定义——在本条中——

（1）计算机维护中的"维护"，是指为使计算机处于能执行规定功能或经授权修改后功能的状态所进行的全部活动。

（2）计算机修理中的"修理"，是指为使计算机恢复到规定状态或经授权修改的状态所进行的全部活动。

118条 专有权利的范围：非商业播送中使用特定作品

（a）就（b）款规定的作品和（d）款规定的行为而言，106条规定的专有权利，受到本条规定的条件和限制的约束。

（b）不论反垄断法如何规定，已出版的非戏剧音乐作品的

著作权人、已出版的绘画，图表和雕塑作品的著作权人和公共广播机构之间可以各自地进行协商，并就版税、许可条件、各著作权人收取费用的比率达成协议，也可以指定共同代理人协商、代为同意、支付或接收版税。

（1）本款规定的作品的著作权人或公共广播机构，得向版税裁判官提交涉及指定作品的相关行为的许可提议。

（2）根据版税裁判官颁布的条例，协议的副本在协议生效后30工作日内向版税裁判官提交的，任何时间，一名或多名录音作品的著作权人和一名或多名由公共广播机构通过自愿协商达成的许可协议生效时，协议将替代美国国会图书馆馆长作出的决定或版税裁判官所作的裁定。

（3）为确定公共广播单位向本款规定的作品的著作权人支付版税的具体数额和条件，以及各著作权人收取费用的分配比率，根据804条（a）款提交申请而启动自愿协商程序的，其确定的版税费率和条件适用的期间应当是从提交申请后的第2年的1月1日起的5年期间。程序各方应当自行承担程序中产生的成本。

（4）没有第（2）项和第（3）项协商许可协议的，版税裁判官得依照第8章的规定，启动程序以裁定版税的具体费用和条件，并在《联邦公报》上公布该结果。根据第（2）项，该裁定对所有本款规定的作品的著作权人和公共广播机构具有约束力，不论著作权人是否向版税裁判官提出了许可建议。在确定具体费用和条件时，版税裁判官可参照在类似情形下，根据第（2）项和第（3）项协商达成的自愿许可协议设定的版税和条件。版税裁判官还应该设立必要的条件，使著作权人可以接收依照本款使用其作品的合理通知，要求公共广播机构保存并提供此类使用记录。

（c）根据第（2）项和第（3）项协商达成的自愿许可协议，公共广播机构可以根据本条相关规定（包括版税裁判官依照（b）第（4）项裁定的费用和条件在内），就已出版的非戏剧音乐作品和已出版的绘画，图形和雕塑作品实施下列行为：

（1）在（f）款所指的非商业教育电视台进行的播送或通过其播送表演或展示作品；

（2）制作用于播送的节目、制作此类节目的复制件或录音制品以及发行复制件或录音制品，上述制作、复制、或发行行为是由非营利机构或组织实施的，其目的只是为了进行第（1）项规定的播送；

（3）政府部门或非营利机构根据第（1）项的规定播送节目的同时复制用于播送的节目，并且在符合110条第（1）项规定的条件下表演或展示此类节目的内容，但复制只用于在自第（1）项规定的播送开始起不超过7天的时间内表演或展示，且在该期间结束之时或之前予以销毁。

根据第（2）项，为政府部门或非营利机构复制播送节目的，不因有关政府部门或机构未能销毁复制的播送，而承担任何责任。但提供该复制的主体应当通知有关政府部门或机构本项关于销毁的规定，而且，如果其自己没有销毁复制的播送节目的，应当认定其本身侵权。

（d）除非本款明确规定，本条不适用于（b）款规定的作品以外的任何作品。在自愿协商期间，非戏剧文学作品的著作权人和公共广播机构之间，得就版税的数额和条件各自达成协议，而不承担反垄断法的责任。依照版税裁判官在803条（b）款第（6）项中规定的条例作出的规定，此类有关版税支付数额和条件的协议，自向版税裁判官提交之日起生效。

（e）本条的任何内容不得解释为，超出107条规定的合理使用的限制，允许未经授权将非戏剧音乐作品戏剧化，允许未经授权从已汇编出版的绘画、图形和雕塑作品中抽取相当的部分制作播送的节目，或允许未经授权使用视听作品的任何部分。

（f）本条中使用的术语"公共广播机构"，是指《美国联邦法典》第47编397条定义的非商业教育广播电视台以及任何从事（c）款第（2）项规定行为的非营利机构或组织。

119条 专有权利的限制：二次播送超级电视台和网络电视台提供的供个人家庭观看的播送

（a）卫星转播机构进行的二次播送——

（1）超级电视台——根据本款第（5）、（6）、（8）项和114条（d）款的规定，超级电视台对原始播送中的作品表演或展示进行二次播送的，如果它是通过卫星转播机构为了个人家庭观看或在商业经营场所中观看进行的二次播送，则适用本条法定许可的规定；但卫星转播机构的二次播送要符合美国联邦电信委员会有关管理广播电视台传送信号之规定、条例或授权的要求，同时，卫星转播机构向接收转播的每一个用户以及与其签订协议直接或间接向公众传输二次播送供个人家庭观看或供在商业经营场所观看的发行商，直接或间接收取费用。

（2）网络电视台——

（A）一般规定——根据本款第（5）、（6）、（7）、（8）项和114条（d）款的规定，网络电视台对原始播送中的作品表演或展示进行二次播送的，如果它是通过卫星转播机构为了个人家庭观看或在商业经营场所中观看进行的二次播送，则适用本条法定许可的规定；但卫星转播机构的二次播送要符合美国联邦电信委员会有关管理广播电视台传送信号之规定、条例或授权的要求，同时，卫星转播机构向接收转播的每一个用户，直接或间接收取费用。

（B）向非接受服务的家庭进行的二次播送——

（i）一般规定——（A）目所指的法定许可，仅限于同一天内向非接受服务的家庭中居住的人，提供同一电视网络不超过两家电视台的信号的二次播送，本条文的限制，不适用于依据第（3）项进行的二次播送。

（ii）准确判断是否适格——

（I）准确判断的预测模式——在判断某人是否居住在（d）款第（10）项（A）目中的非接受服务的家庭时，法院应当依照美国联邦电信委员会在第98～201号文件中设定的郎利-赖斯个人定位模式，根据《1934 年电信法》339 条（c）款第（3）项，为了提高该模式的准确度，美国联邦电信委员会可不定期地对该模式作出修正。

（II）准确测定——通过实地测量以确定某人是否居住在（d）款第（10）项（A）目的非接受服务的家庭时，法院应当依照《1934 年电信法》339 条（c）款第（4）项的规定。

（iii）对非接受服务家庭的 C 频带服务免责——（I）一般规定——如果 C 频带服务用户接收的是 1999 年 10 月 31 日之前没有终止的二次播送的，条文（i）中的限制不适用于网络电视台的 C 频带服务进行的二次播送。

（II）定义——本条文中术语"C 频带服务"是指经美国联邦电信委员会授权，由符合《美国联邦法规汇编》第 47 编第 25 部分规定的同步卫星服务运营的一种服务。

（C）例外情形——

（i）有一家全功率网络电视台的州——州内坐落有一家由美国联邦电信委员会授权的全功率电视台，该电视台在 1995 年 1 月 1 日是网络电视台的，（A）目赋予的法定许可适用于卫星转播机构对该全功率电视台的原始播送进行的转播，只要该原始播送是面向于州内社区点播用户发出，且该社区不属于美国联邦电信委员会条例（《联邦法律汇编》76.51 条）在其生效之日列出的前 50 家电视市场范围。

（ii）所有网络电视台和超级电视台存在于同一地区市场的州——1995 年 1 月 1 日，州内坐落的由美国联邦电信委员会许可的全部网络电视台和超级电视台被指派到同一当地市场，这一当地市场没有包括该州全部县的，（A）目赋予的法定许可得适用于卫星转播机构对此类电视台的原始播送进行的二次播送，该原始播送面向州内的所有点播用户，用户所在的当地市场属于美国联邦电信委员会在条例（《美国联邦法律汇编》76.51 条）生效之日列出的前 50 家电视市场范围。

（iii）其他电视台——如果州内有 4 个县符合下列条件——

（I）在 2004 年 1 月 1 日，当地市场主要由另一州的县构成；且

（II）根据尼尔森媒体研究公司作出的 2004 年美国电视家庭数量估测，该电视台已经联合了总计 41 340 个电视家庭。

2004 年 1 月 1 日，卫星转播机构向县中所有用户提供二次播送的，（A）目赋予的法定许可可以适用于卫星转播机构对县所在州的网络电视台的原始播送进行的二次播送，该二次播送应面向该县的用户。

（iv）特定其他电视台——同一州的两相邻电视台位于主要由另一州的县构成的当地市场，如符合下列条件，（A）目赋予的法定许可可以适用于卫星转播机构对位于上述两县所在州府的网络电视台的原始播送进行的二次播送：

（I）根据由尼尔森媒体研究公司 2003 年的评估，该两县所在的当地市场属于全美前 100 名之列；且

（II）根据尼尔森媒体研究公司的估测，2003 年该两家电视台已经联合的电视家庭总数不超过 10 000 个。

（v）适用的版税费率——根据条款（i）（ii）（iii）（iv）而适用（A）目的法定许可的转播，适用（b）款第（1）项（B）目的版税费率。

（D）网络电视台点播用户名单的提交——

（i）原始名单——根据（A）目，二次播送网络电视台的原始播送的卫星转播机构，应当自开始此类二次播送的 90 日内，向拥有网络电视台或与网络电视台有从属关系的电视网络提交——

（I）一份名单，列明（依照姓名和地址，并包括街道号或乡村路号、城市、州和邮编）向非接受服务的家庭提供卫星转播机构二次播送的所有用户。

（II）由 122 条（j）款确定的汇集指定市场区域的一份独立名单（依照姓名和地址，并包括街道号或乡村路号、城市、州和邮编），名单中应表明根据第（3）项接收具有相当收视范围的电

视台服务的用户。

（ii）月度名单——根据条款（i）提交原始名单后，卫星转播机构应当在每月的第 15 日向电视网络提交——

（I）一份名单（依照姓名和地址，并包括街道号或乡村路号、城市、州和邮编），列明自上次根据条款（i）提交名单后，条文（i）（I）规定的用户增加或流失的情况。

（II）汇集指定市场区域的一份独立名单（依照姓名和地址，并包括街道号或乡村路号、城市、州和邮编），名单中应列明根据第（3）项接收具有相当收视范围的电视台服务的用户增加或流失的情况。

（iii）点播用户信息的使用——卫星转播机构根据本条文提交的用户信息，只能用于监控卫星转播机构遵守本款的情况。

（iv）适用——只有接收名单的电视网络，在版权局局长那里存档，指明信息提交对象的姓名和地址时，本条文规定的提交要求才适用于卫星转播机构。版权局局长应当将此类文件存档，以供公众查询。

（3）二次转播收视广泛的信号——

（A）一般规定——不管第（2）项（B）目如何规定，且在符合本款（B）目规定的条件下，第（1）项和第（2）项规定的法定许可，适用于对网络电视台的原始播送进行的二次播送；同样适用于向居住在电视台指定市场地区（由 122 条（j）款定义确定）外、但美国联邦电信委员会确定的收视广泛的信号覆盖区域内的用户所做的原始播送的二次播送，有线电视系统的信号是否在某区域被广泛收视，需要根据 1976 年 4 月 15 日实施的美国联邦电信委员会的规定、条例或授权确定。

（B）限制——（A）目只适用于，根据 122 条的法定许可，向通过卫星转播机构接收网络电视台或超级电视台原始播送的二次转播的点播用户作出的二次转播行为。

（C）豁免——

（i）一般规定——根据（B）目，用户被禁止收看网络电视台原始播送的二次播送的，可以通过对其提供服务的卫星转播机构，向用户所在当地市场中同一电视网络所属的网络电视台提交豁免禁止的申请。自收到申请后 30 日内，网络电视台应当作出接受或拒绝用户豁免申请的决定。在 30 日的期间内，网络电视台未能作出接受或拒绝用户的豁免申请决定的，应当认定网络电视台同意了豁免申请。除非网络电视台特别说明的，在《1934 年电信法》339 条（c）款第（2）项规定的《2004 年卫星家庭收视续展和重新授权法》实施之日前所做的豁免，不构成本目规定的豁免。

（ii）届满——条文（i）中，授予豁免的权利自 2008 年 12 月 31 日期满，届时所有此类仍然有效的豁免同时期满。

（4）二次播送到当地市场的法定许可——

（A）针对接收（e）款规定的模拟信号的点播用户的规则——

（i）接收远距离模拟信号者适用的规则——卫星转播机构的用户仅根据（e）款规定，而有权接收对网络电视台离模拟格式（本目中指的是远距离模拟信号）原始播送进行的二次播送，且该用户自 2004 年 10 月 1 日起已经接收该网络电视台的远距离模拟信号的，适用下列规则：

（I）根据 122 条的法定许可，卫星转播机构向用户提供同一电视网络所属的当地网络电视台模拟格式原始播送的二次播送的，仅在满足下列条件时，第（2）项的法定许可才适用于该卫星转播机构向用户提供的对同一电视网络所属的电视台远距离模拟信号进行的二次播送——

（aa）自收到卫星转播机构根据《1934 年电信法》338 条（h）款第（1）项发出的通知后 60 日内，用户选择保留远距离模拟信号的；但

（bb）只持续至用户选择接收此类远距离模拟信号之时。

（II）不管条款（I）如何规定，第（2）项法定许可不适用于仅根据（e）款而有权接收对网络电视台模拟格式（本目中指

的是远距离模拟信号）原始播送进行的二次播送的卫星转播机构的用户，除非卫星转播机构在《2004 年卫星家庭收视续展和重新授权法》施行之后 60 天内，向电视网络提交一份由汇集指定市场区域（122 条（j）款第（2）项（C）目定义）的，且符合下列条件的名单——

（aa）以姓名和地址（街道号或乡村路号、城市、州和邮编）指明用户的身份并确定由该用户接收的远距离模拟信号；以及

（bb）在名单中声明，经过努力和诚意调查后，据卫星转播机构知道和了解的情况而言，用户在（e）款的条件下是有权接收远距离模拟信号的。

（ii）不接收远距离模拟信号者适用的规则——仅根据（e）款而有权接收网络电视台模拟信号转播的卫星转播机构的用户，且该用户自 2004 年 10 月 1 日起没有接收该电视网络所属的网络电视台的远距离模拟信号的，第（2）项的法定许可不适用于卫星机构向该用户提供的同一网络所属的电视台远距离模拟信号的二次播送。

（B）其他用户适用的规则——根据第（2）项的法定许可，而有权接收网络电视台模拟格式原始播送的（本目中指的是远距离模拟信号）二次播送的卫星转播机构的用户，不是适用（A）目的用户的，适用下列规则：

（i）在 2005 年 1 月 1 日，根据 122 条的法定许可，卫星转播机构向用户提供，同一电视网络所属的当地网络电视台模拟格式原始播送的二次播送的，如果卫星转播机构最迟在 2005 年 3 月 3 日向电视网络提交一份汇集指定市场区域（122 条（j）款第（2）项（C）目的定义规定）且符合下列条件的名单，第（2）项的法定许可，只适用于该卫星转播机构向用户提供的同一电视网络所属的电视台远距离模拟信号进行的二次播送：在名单中以姓名和地址（街道号或乡村路号、城市、州和邮编）列明用户的身份，并指明由该用户接收的远距离模拟信号。

（ii）在 2005 年 1 月 1 日，卫星转播机构没有根据 122 条的

法定许可向用户提供同一电视网络所属的当地网络电视台模拟格式原始播送的二次播送的，仅在符合下列条件时，第（2）项的法定许可才仅适用于该卫星转播机构向用户提供的同一电视网络所属的电视台远距离模拟信号进行的二次播送——

（I）用户尝试订购远距离模拟信号的日期，早于此类卫星转播机构根据122条的法定许可，提供对电视台（该电视台应位于此类当地电视网络所属的当地市场中）的模拟格式原始播送进行的二次播送的日期；且

（II）卫星转播机构在提供前文服务后的60日内，向所有在当地市场中提供模拟信号的电视网络提交一份名单，在名单中以姓名和地址（街道号或乡村路号、城市、州和邮编）列明用户的身份，并指明由该用户接收的远距离模拟信号。

（C）对将来情形的适用——如出现下列情形，第（2）项的法定许可，不适用于卫星转播机构向自然人提供的，对网络电视台远距离模拟格式原始播送进行的二次播送——

（i）该自然人，自《2004年卫星家庭收视续展和重新授权法》施行之日起，不是合法接收此类二次播送的用户；

（ii）在该自然人尝试订购接收此类二次播送服务时，该自然人居住在卫星转播机构根据122条的法定许可提供同一电视网络所属的当地网络电视台模拟格式原始播送进行的二次播送的当地市场内，并且该自然人能够接收到此类原始播送的二次播送。

（D）针对远距离数字信号的特别规定——第（2）项的法定许可，适用于卫星转播机构向用户提供的对网络电视台数字格式原始播送进行的二次播送，如果向用户提供二次播送的行为是《1934年电信法》339条（a）款第（2）项（D）目在《2004年卫星家庭收视续展和重新授权法》实施之日后生效的规定允许：如果《1934年电信法》339条（a）款第（2）项（D）目（i）（I）中提到的《美国联邦法律汇编》第47编73.683条（a）款规定《1934年电信法》339条（a）款第（2）项（D）目的规定在《2004年卫星家庭收视续展和重新授权法》实施之日生效

则不适用。

（E）其他规定不受影响——本项规定不影响第（3）项规定的二次播送法定许可以及第（12）项包含的非接受服务家庭法定许可的适用。

（F）豁免——根据（C）或（D）目，用户被禁止收看网络电视台二次播送的，可以通过对其提供服务的卫星转播机构，向用户所在的当地市场中同一电视网络所属的网络电视台提交豁免禁止的申请。自收到申请后 30 日内，网络电视台应当作出接受或拒绝用户的豁免申请的决定。在 30 日的期间内，网络电视台没有作出接受或拒绝用户的豁免申请决定的，应当认定网络电视台同意了豁免申请。除非网络电视台特别说明的，根据《1934年电信法》339 条（c）款第（2）项的规定，在《2004 年卫星家庭收视续展和重新授权法》实施日之前授予的豁免，不构成本条文规定的豁免。

（G）"提供"的含义——本项规定中，卫星转播机构向用户或自然人提供当地电视台原始播送的二次播送，就是指卫星转播机构将该二次播送提供给与上述用户或自然人住在同一邮编区域内的其他用户。

（5）违反报告和支付要求的后果——不管第（1）项和第（2）项如何规定，卫星转播机构违反第（2）项（C）目的报告要求或没有交存（b）款要求的清单和版税，故意或多次向公众二次播送超级电视台或网络电视台含有作品表演或展示的原始播送的，该行为构成 501 条规定的侵权行为，并完全适用 502 条至506 条以及 510 条规定的救济。

（6）故意改动——不管第（1）项和第（2）项如何规定，在节目播出前后立即或在节目播出时，卫星转播机构通过改动、删除、增加等方式，故意改变原始播送者播送的作品表演或演示的特定节目内容、或任何商业广告或电视台声明或将不同播送信号混合的，该机构向公众二次播送超级电视台或网络电视台含有作品表演或展示的原始播送构成 501 条规定的侵权，并完全适用

502 条至 506 条以及 510 条规定的救济。

（7）违反网络电视台法定许可区域限制的后果——

（A）个别违反——卫星转播机构故意或多次向没有权利接收本条规定的二次播送的用户，传输网络电视台含有作品表演或展示的原始播送的，构成 501 条规定的侵权，完全适用 502 条至 506 条规定的救济。但——

（i）卫星转播机构采取措施，立即撤销对不适格用户的服务的，不因侵权行为承担赔偿责任；

（ii）违反行为发生期间，每名用户每月的法定损害赔偿金不得超过 5 美元。

（B）模式化违反——卫星转播机构以某种模式或惯例故意或多次向没有权利根据本条规定接收二次播送的用户，传输网络电视台含有作品表演或展示的原始播送的，除（A）款规定的救济外——

（i）如果模式或惯例大体上在全国范围内实施的，法院应当颁布永久禁令，禁止卫星转播机构为家庭收视二次播送同一电视网络所属的任何初级网络电视台的原始播送，并且可以要求其针对模式或惯例实施的期间，按照每 6 个月不超过 25 万美元额度支付法定赔偿金。

（ii）如果模式或惯例大体上在当地或地区范围内实施的，法庭应当颁布永久禁令，禁止卫星转播机构为家庭收视在当地或地区范围内二次播送同一电视网络所属的任何初级网络电视台的原始播送，并且可以要求其针对模式或惯例实施的期间，按照每 6 个月不超过 25 万美元额度支付法定赔偿金。

（C）不包括既存用户——在 1988 年 11 月 16 日，就已从卫星转播机构或转播组织处订购接收二次播送的，（A）目和（B）目不适用于卫星转播机构向该主体提供的二次播送。

（D）举证责任——在依据本款提起的诉讼中，卫星转播机构承担举证责任，证明其二次播送的电视台的原始播送仅提供给了根据本条规定有权接收二次播送的用户。

（E）例外情形——卫星转播机构向不居住在非接受服务家庭中的用户二次播送网络电视台含有作品表演或展示的原始播送的，如符合下列条件，不构成侵权——

（i）1991 年 5 月 1 日，已经有卫星转播机构对该电视台的播送进行二次播送，此时，该电视台不属于下述电视网络所有或由其运营或与其有从属关系：该电视网络向至少 25 个位于 10 个以上州的被许可的附属电视台定时提供每周 15 小时以上的互联节目服务；

（ii）在 1998 年 7 月 1 日，就已经有卫星转播机构根据本条的法定许可，对该电视台的播送进行二次播送；且

（iii）在 1995 年 1 月 1 日，该电视台不属于下述电视网络所有或由其运营或与其有从属关系：该电视网络向至少 25 个位于 10 个以上州的被许可的附属电视台定时提供每周 15 小时以上的互连节目服务。

（8）卫星转播机构的歧视——不管第（1）项如何规定，如果卫星转播机构非法区别对待转播组织的，卫星转播机构故意或多次向公众二次播送网络电视台或超级电视台含有作品表演或展示的原始播送，构成 501 条规定的侵权，并完全适用 502 条至 506 条规定的救济。

（9）二次播送的地域限制——本条规定的法定许可，只适用于对位于美国境内的家庭进行的二次播送。

（10）败诉者支付信号强度测量的费用；在民事诉讼中追偿测量费用——在所有因订购服务的家庭是否属于非接受服务的家庭而提起的民事诉讼中——

（A）为回应网络电视台的异议，卫星转播机构进行信号强度测量并确定异议家庭为非接受服务家庭的，提出异议的网络电视台，应当自收到测量结果和费用说明之日起 60 日内，向卫星转播机构支付因此而产生的费用；

（B）对适格性提出异议的网络电视台进行信号强度测量并确定异议家庭并非非接受服务的家庭的，卫星转播机构应当自收

第 1 章

著作权的客体和范围

到测量结果和费用说明之日起 60 日内，向网络电视台支付因此而产生的费用。

（11）未能进行测量的后果——网络电视台通过合理努力，尝试在用户家庭实地测量其信号，但被拒绝入户测量，并因此不能进行测量的，卫星转播机构应当在 60 日内向该家庭通知此事，并终止向此家庭提供该网络电视台的服务。

（12）向游艺车和商用卡车提供的服务——

（A）免责——

（i）一般规定——根据本款，并在符合条款（ii）和条款（iii）的条件下，术语"非接受服务的家庭"应当包括——

（I）住房和城市发展部部长依据《美国联邦法律汇编》第 24 编 3282.8 条制定的条例中定义的游艺车。

（II）交通部长根据《美国联邦法律汇编》第 49 编 383.5 条制定的条例定义的商用卡车。

（ii）限制——卫星转播机构计划向游艺车或商用卡车的经营者二次播送网络电视台的播送的，仅当该转播机构遵守（B）目和（C）目的规定，提供文件时，条款（i）才能适用于游艺车或商用卡车。

（iii）排除——根据本目，术语"游艺车"和"商用卡车"不得包括任何固定的住所，不论该住所为房车还是表现为其他形式。

（B）文件要求——自相关卫星转播机构向电视网络提交下列文件后的第 10 日起，游艺车或商用卡车应当被认定为非接受服务的家庭。本目的电视网络，是指拥有被卫星转播机构向游艺车或商用卡车二次转播的电视台或与其有从属关系的电视网络。

（i）声明——由游艺车或商用卡车的经营者签署，声明圆盘式卫星电视天线被永久固定在游艺车或商用卡车上，该天线不会被用于在固定住所接收卫星节目。

（ii）登记——如果是游艺车，应提供一份该游艺车有效的州车辆登记的副本。

（iii）登记和驾照——如果是商用卡车——

（I）卡车的有效的州车辆登记的副本；和

（II）颁发给经营者的有效的商业司机驾照（由交通部长根据《美国联邦法律汇编》第 49 编 383 条制定的条例定义）的副本。

（C）更新文件的要求——卫星转播机构希望在超过两年的期间继续向游艺车或商用卡车提供二次播送的，如果电视网络要求，该卫星转播机构应当在两年期间届满前的 90 日内，向每家电视网络提供符合（B）目规定格式的更新文件。

（13）法定许可需要遵守电信委员会规则和救济措施——不管本条的其他规定如何规定，卫星转播机构故意或多次向公众二次播送经美国联邦电信委员会许可的电视台的含有作品表演或展示的原始播送，在进行转播时，卫星转播机构违反了美国联邦电信委员会有关广播电视台信号传送的规定、条例和授权的，构成 501 条规定的侵权，并完全适用 502 条至 506 条规定的救济。

（14）豁免——根据（a）款第（2）项（B）目的规定，用户被禁止收看对网络电视台信号进行的二次播送的，可以通过对其提供服务的卫星转播机构，向主张禁止接收该二次播送的网络电视台提交豁免禁止的申请。自收到申请后 30 日内，网络电视台应当作出接受或拒绝用户豁免申请的决定。在 30 日的期间内，网络电视台未能作出接受或拒绝用户的豁免申请决定的，应当认定网络电视台同意豁免申请并已将书面豁免存档。除非网络电视台特别说明，根据《1934 年电信法》339 条（c）款第（2）项的规定，在《2004 年卫星家庭收视续展和重新授权法》实施之前授予的豁免并在该实施日仍然有效的，构成本目规定的豁免。

（15）低功率电视台的信号传送——

（A）一般规定——不管第（2）项（B）目如何规定，在符合本款（B）目至（F）目的条件时，第（1）项和第（2）项授予的法定许可，得适用于向居住在同一当地市场内的用户，二次播送被赋予低功率电视台身份的网络电视台或超级电视台的原始播送。

(B) 地域限制——

(i) 网络电视台——如果是网络电视台，(A) 目中的二次播送应当限定在向下列用户提供——

(I) 居住在发送信号的电视台所处的当地市场；且

(II) 居住在距发射站 35 英里范围内的区域，但如果该电视台位于标准化大都市统计区区域内，且该区域内有人口最多的 50 所准化大都市统计区之一的（以由美商务部长所做的 10 年 1 次的 1980 年的人口普查数据为准），则以 20 英里为准。

(ii) 超级电视台——如果是超级电视台，(A) 目中的二次播送应当限定在向居住在发送信号的电视台所处的当地市场的用户提供。

(C) 不适用于反复播送和转播——(A) 目中的二次播送，不适用于对其他电视台的节目和信号进行每天超过 2 小时二次播送的低功率电视台。

(D) 版税——不管 (b) 款第 (1) 项 (B) 目如何规定，卫星转播机构向符合下面条件的用户转播低功率电视台的原始播送，符合本款法定许可条件的，没有为此类转播缴纳版税的责任：用户居住在距发射站 35 英里的区域内，但该电视台位于标准化大都市统计区区域内，且该区域内有人口最多的 50 所准化大都市统计区之一的（以美商务部长所做的 10 年 1 次的 1980 年人口普查的数据为准），则以 20 英里为准。如果是当地市场中的低功率电视台的超级电视台的传输，但位于前句中规定的 35 英里或 20 英里范围外的，应当承担 (b) 款第 (1) 项 (B) 目的版税。

(E) 对采用当地至当地服务的点播用户的限制——(A) 目中的二次转播，应当仅面向接收卫星转播机构根据 122 条的法定许可进行的原始播送转播的用户，同时应当符合《1934 年电信法》340 条 (b) 款（《2004 年卫星家庭收视续展和重新授权法》施行之日生效）的要求。

（16）州外远距离信号进入特定市场的限制——

（A）州外网络电视台——不管本法其他规定如何规定，卫星转播机构根据 112 条向阿拉斯加州内的用户二次播送位于该州的电视台的原始播送的，对此类用户二次播送位于州外的网络电视台的原始播送的，不适用于本款和（b）款规定的法定许可。

（B）例外情形——二次播送发生时，经许可向州内社区进行播送的电视台或同一电视网络所属的网络电视台不提供数字信号原始播送的，（A）目规定的限制不适用于对位于阿拉斯加州州外的网络电视台的数字信号原始播送进行的二次播送。

（b）二次播送的法定许可——

（1）向版权局局长交存文件等——卫星转播机构进行的二次播送符合（a）款规定的法定许可的，应当根据版权局局长在条例中规定的要求，每半年向版权局局长交存：

（A）包含先前 6 个月中下列信息的清单：详细说明期间内任一时间，信号被转播至（a）款第（1）项和（a）款第（2）项规定的用户的所有超级电视台和网络电视台的名称和地址，接收此类转播的用户总数，版权局局长可能随时通过条例规定的其他数据。

（B）6 个月期间的版税，其计算方式为：期间内每历月中接收超级电视台或网络电视台转播的用户总数乘以依本条产生的合理比率。不管（B）目如何规定，卫星转播机构向符合（A）款第（3）项条件的用户提供转播，并符合（A）款第（1）项或第（2）项法定许可条件的，没有为此类转播缴纳版税的责任。

（2）版税投资——版权局局长应当收取根据本条需交存的所有费用，扣除版权局根据本条规定产生的合理成本后（不同于根据第（4）项扣除的费用），应当按照美国财政部部长指定的方式将余款交存美国国库。美国财政部部长持有的全部资金，应当投资于有息的美国证券，用于日后根据本法，由美国国会图书馆馆长会同利息一同进行分配。

（3）接收版税的自然人——根据第（2）项交存的版税，应当按照第（4）项的程序向相关自然人分配：该自然人为相关的6个月期间内，作品被用于卫星转播机构的转播的著作权人，且该著作权人按照第（4）项向版税裁判官提出了版税申请。

（4）分配程序——根据第（2）项所得的版税，应当依照下列程序进行分配：

（A）提出版税要求——每年7月，任何要求支付转播法定许可金的，得按照版税裁判官在条例中作出的要求向版税裁判官提出申请。不论反垄断法如何规定，根据本项，任何提出申请者之间可以达成协议，按比例分配他们之间的法定许可金，可以将他们的主张整合在一起联合提出申请或单独申请，或指定一名共同代理代表他们收取费用。

（B）裁定争议、分配版税——每年8月1号以后，版税裁判官应该确定，关于版税的分配是否存有争议。版税裁判官认为不存在争议的，根据本条，在扣除合理的管理成本费用后，版税裁判官有权许可美国国会图书馆馆长开始向有权获得版税的著作权人或他们指定的代理人分配相关费用。版税裁判官裁定存在争议的，版税裁判官得根据本法第8章的程序裁定如何分配版税。

（C）争议期内版税的扣留——本款进行的未决诉讼期间，版税裁判官有权许可美国国会图书馆馆长开始分配任何不属争端之列的金额。

（c）版税的调整——

（1）模拟信号版税的适用和确定——

（A）基本费用——确定（b）款第（1）项（B）目中，二次播送网络电视台和超级电视台模拟格式原始播送所需的版税，应当是2004年7月1日生效的《联邦法律汇编》第37编第258部分设定的费率，并参照本款所做的修正。

（B）自愿协商设定的版税——在2005年1月2日或之前国会图书馆馆长应当促使，在《联邦公报》上公布为达成自愿协商而启动的协商程序，该协商程序旨在确定（b）款第（1）项（B）目规定的，卫星转播机构因二次播送网络电视台和超级电视台模拟格式原始播送所需的版税。

（C）协商——根据本条，卫星转播机构、转播组织和有权收取版税的著作权人得组织协商，通过诚意努力尝试就版税达成一份或多份自愿协商协议。不论何时，上述卫星转播机构、转播组织和著作权人都可以进行协商并就版税达成共识，也可以指定共同代理人协商、代为同意、或支付版税。各方未能明确共同代理人的，在征求各方意见后，国会图书馆馆长得指定共同代理人。各方应自行承担协商程序产生的费用。

（D）对各方有约束力的协议；提交协议；公开通知——

（i）不论何时，根据本款自愿协商达成的协议，对作为协议当事人的全体卫星转播机构、转播组织和著作权人具有约束力。自协议生效起 30 日内，应当依照版权局局长制定的条例的规定，向版权局提交协议的副本。

（ii）（I）启动自愿协商程序的通知在《联邦公报》上公布后 10 日内，达成自愿协议的各方，可以要求协议中设定的版税适用于全体卫星转播机构、转播组织和著作权人，而无须组织（E）目中规定的程序。

（II）收到条款（I）中的请求后，国会图书馆馆长应当立即公布自愿协商协议中设定的版税，并给各方提供反对适用该版税费率的机会。

（III）国会图书馆馆长得采纳自愿协商协议中设定的适用于全体卫星转播机构、转播组织和著作权人的版税，而无须组织（E）目规定中的仲裁，但有关主体提出要参加仲裁，而仲裁结果对其利益有重大影响，且该主体根据条款（II）提出反对。

（E）协议有效的期间——自愿协商协议依据本项规定已向版权局提交，则协议中设定的缴纳版税的责任，自协议中确定的日期起生效，并得延续至 2009 年 12 月 31 日或依照协议中规定的期间，以两者中较晚者为准。

（F）强制仲裁设定的版税——

（i）启动仲裁程序的通知——在 2005 年 5 月 2 日或之前，

国会图书馆馆长应当促使，在《联邦公报》上公布启动仲裁程序的通知，该仲裁是为了确定（b）款第（1）项（B）目规定的，卫星转播机构和转播组织二次播送网络电视台和超级电视台模拟格式原始播送所需缴纳的版税。

（I）未能达成（D）目中规定的应提交版权局的设定全体卫星转播机构和转播组织应当缴纳的版税的协议；或

（II）有当事人反对适用国会图书馆馆长采纳的自愿协商协议中设定的适用于全体卫星转播机构、转播组织和著作权人的版税，表示要参加仲裁，该仲裁结果对其利益有重大影响，根据条款（II）提出异议的；

应当按照早于《2004年著作权版税和发行改革法》实施之日生效的第8章的有关规定，组织仲裁程序。

（ii）版税的设定——为了裁定根据本目的版税，按照早于《2004年著作权版税和发行改革法》施行之日生效的第8章的规定指定的版税仲裁小组，在裁定二次播送网络电视台和超级电视台模拟格式原始播送所需的版税时，应当最大限度体现二次播送的合理的市场价值。除此之外，国会图书馆馆长和版税仲裁小组应当考虑（D）目中规定的向版权局提交的自愿协商协议中当事人的义务，对版税作出调整。

为了裁定合理市场价值，版税仲裁小组应当将各方提供的经济方面、竞争力方面和节目方面的信息考虑在内，包括：

（I）发行此类节目的竞争环境，市场中类似的私人和法定许可下转播相似信号的版税以及转播市场的其他特殊的特征和条件；

（II）版税给著作权人和卫星转播机构带来的经济方面的影响；以及

（III）对公众能够持续获得二次播送的影响。

（iii）版税裁判官的决定和国会图书馆馆长命令的有效期间——如符合下列条件，相对人有交纳裁定设定的版税的责任——

（I）该裁定由版税仲裁小组在依据本项的仲裁中作出，并根

据在《2004 年著作权版税和发行改革法》实施之日前生效的 802 条（f）款的规定被国会图书馆馆长所采纳；或

（II）该裁定由国会图书馆馆长根据在《2004 年著作权版税和发行改革法》实施之日前生效的 802 条（f）款作出的，其有效期至 2005 年 1 月 1 日。

（iv）遵守版税规定的主体——条款（iii）中涉及的版税，对不是按照（D）目规定提交的自愿协商协议的当事人的全体卫星转播机构、转播组织和著作权人具有约束力。

（2）数字信号版税的适用和确定——除下列情形外，设定（b）款第（1）项（B）目中二次播送网络电视台和超级电视台数字格式原始播送所需交纳的版税的程序和要求，同第（1）项中设定二次播送网络电视台和超级电视台模拟格式原始播送的相关程序和要求一致——

（A）第（1）项（A）目中的基本费用，应当依照《2004 年卫星家庭收视续展和重新授权法》实施之日生效的《联邦法律汇编》第 37 编 298.3 条（b）款第（1）项和第（2）项中设定的费率，减去 22.5％。

（B）第（1）项（F）目（i）规定的启动仲裁程序的通知，应当于 2005 年 12 月 31 日或之前公布；同时

（C）根据第（1）项（F）目（iii）规定的程序设定的二次播送网络电视台和超级电视台数字格式原始播送的版税，并根据（b）款第（1）项（B）目的条件支付的，——

（i）应当减去 22.5％；且

（ii）应当由国会图书馆馆长自 2007 年 1 月 1 日起以及此后每年的 1 月 1 日作出调整，以体现前 12 个月中，由劳工部长公布的最新一期的消费价格指数（针对全体消费者和消费品）确定的生活成本的变化。

（d）定义——本条中下列用语的含义——

（1）转播组织——术语"转播组织"，是指签订合同，通过单一频道或节目打包的形式发行来自卫星转播机构的转播，并直

接向个体用户提供转播，或根据本条规定通过其他节目发行主体间接提供转播的主体。

（2）网络电视台——术语"网络电视台"是指——

（A）包括转播台或地面卫星电视台在内的、经美国联邦电信委员会批准的，转播网络电视台播出的全部或大部分节目的电视台。其中，网络电视台由一个或多个美国境内的电视网络拥有或运营或与其有从属关系。该电视网络向至少25个位于10个以上州的被许可的附属电视台定时提供每周15小时以上的互联节目服务。

（B）非商业教育广播电视台（由《1934年电信法》397条定义）。

（3）初级网络电视台——术语"初级网络电视台"，是指播送或者转播特定全国性网络的基本节目的网络电视台。

（4）原始播送——术语"原始播送"的含义由本法111条（f）款给出。

（5）个人家庭收视——术语"个人家庭收视"，是指个人家庭通过使用卫星接收设备接收并观看卫星转播机构二次播送的美国联邦电信委员会批准的电视台的原始播送；卫星接收设备由该家庭成员操作并仅限于该家庭使用。

（6）卫星转播机构——术语"卫星转播机构"，是指使用经美国联邦电信委员会许可的卫星服务或卫星设施，按照《美国联邦法规汇编》第47编第25部分规定的固定卫星服务运营，或根据《美国联邦法规汇编》第47编第100部分规定的直播卫星服务运营，为点对多点播送电视台信号设立并运营通信频道的机构，以及为了提供此类点对多点播送拥有或出租卫星容量或服务，但此类机构，只能是根据《1934年电信法》的费率表提供服务，而不是根据本条为个人家庭收视提供服务。

（7）二次播送——术语"二次播送"的含义由本法111条（f）款给出。

（8）用户——术语"用户"，是指根据本条规定，通过卫星转播机构转播的方式接收转播服务，并直接或间接向卫星转播机构或转播组织交纳费用的个人或机构。

（9）超级电视台——术语"超级电视台"，是指不同于网络电视台的广播电视台，该电视台经美国联邦电信委员会许可，通过卫星转播机构进行转播。

（10）非接受服务的家庭——就特定的电视网络而言，术语"非接受服务的家庭"是指符合下列条件的家庭——

（A）使用常规的、固定于屋顶的户外天线不能接收到，附属于该网络的初级网络电视台发射的 B 级强度无线电信号（根据 1999 年 1 月 1 日生效的《美国联邦法规汇编》第 47 编 73.683 条（a）款的定义确定）；

（B）符合（a）款第（14）项规定的条件下的豁免，不论该豁免上是否在《2004 年卫星家庭收视续展和重新授权法》施行之日前授予；

（C）是适用（e）款规定的用户；

（D）是适用（a）款第（12）项规定的用户；或

（E）是适用（a）款第（2）项（B）目（iii）免责规定的用户。

（11）当地市场——术语"当地市场"的含义由 112 条（j）款给出，但如果是低功率电视台，术语"当地市场"是该电视台所在的指定市场区域。

（12）低功率电视台——术语"低功率电视台"是指由 2004 年 6 月 1 日实施的《美国联邦法规汇编》第 47 编 74.701 条（f）款定义的低功率电视台。本条中，术语"低功率电视台"包括根据《美国联邦法规汇编》第 47 编 73.6001 条（a）款规定被赋予 A 类被许可电视台地位的低功率电视台。

（13）商业机构——术语"商业机构"是指——

（A）以商业经营为目的的机构，诸如酒吧、餐厅、私人写字楼、健身俱乐部、石油钻塔、零售店、银行或其他金融机构、超市、汽车或船舶经销商或任何其他拥有公共商业经营区域的机构。

（B）不包括，发生个人家庭收视的永久或暂时性的多户式住所，诸如旅馆、宿舍、医院、公寓、大厦或监狱。

（e）著作权责任的暂时中止——直到 2009 年 12 月 31 日，未接收当地网络广播电视台 A 级强度（根据联邦电信委员会根据 1999 年 1 月 1 日生效的《美国联邦法规汇编》第 47 编 73.683 条（a）款规定的条例中的定义，或由美国联邦电信委员会依照其第 98～201 号文件中设定的郎利—赖斯个人定位方法进行预测）信号的用户，有权继续接收属于同一网络的网络电视台的信号，如果该特定用户于 1998 年 7 月 11 日之后、1999 年 10 月 31 日前根据本条要求终止网络信号的卫星服务，或于 1999 年 10 月 31 日接收此类服务。

（f）司法部对向当地市场提供卫星转播的协议进行快速审查——

（1）一般规定——用户所在的当地市场（根据 122 条（j）款第（2）项的定义确定）中没有卫星转播机构提供经美国联邦电信委员会批准的、广播电视台的原始信号的转播服务时，为评估向当地市场提供此类转播服务的行为是否符合反垄断法的规定，两家以上卫星转播机构根据《美国联邦法规汇编》第 28 编 50.6 条（2004 年 7 月 7 日生效）申请营业审查书的，自收到申请后的 90 日内，司法部相关的官员应当予以回复。

（2）定义——根据本款，术语"反垄断法"——

（A）由《克莱顿法》第 1 条（a）款（《美国联邦法典》第 15 编 12 条（a））给出定义，除此之外，涉及《联邦贸易委员会法》（《美国联邦法典》第 15 编 45 条）第 5 条规定中的不正当竞争方法时，该术语还包括第 5 条的规定；同时

（B）包括任何与第（1）项中所指的法律相类似的法律。

（g）对面向全部指定市场地区的当地至当地服务提供者作出的豁免——

（1）禁令豁免——法院于本款施行之日前，根据（a）款第

（7）项（B）目发出了禁令，若该法院确认其禁令所针对的主体是合格卫星转播机构的，应当豁免该禁令。

（2）有限的临时豁免——

（A）一般规定——法院于本款施行之日前，根据（a）款第（7）项（B）目对卫星转播机构发出禁令的，考虑到（a）款第（2）项规定的法定许可，根据该机构的申请，法院应当豁免之前的禁令，以便卫星转播机构向位于节目短缺市场（直到2009年12月31日，卫星转播机构未根据122条规定的许可在该市场提供当地服务）内的非接受服务的家庭二次播送网络电视台的原始播送。

（B）临时豁免的终止——（A）目规定的临时禁令豁免自禁令发出之日起120日后终止，但发出临时禁令的法院有合理理由延长该期间的除外。

（C）未能面向全部指定市场地区提供当地至当地服务

（i）未能采取合理行动或作出诚意努力——根据（A）目发出临时豁免的法院一旦确定，申请该豁免的卫星转播机构未能采取合理行动或作出诚意努力而面向全部指定市场地区提供当地至当地服务的，其行为：

（I）构成501条规定的侵权行为，法院可酌情适用本法502条至条506条以及本条（a）款第（6）项（B）目规定的救济；且

（II）将导致根据（A）目发出的禁令豁免发生终止。

（ii）未能提供当地至当地服务：根据（A）目发出临时豁免的法院确定，申请该豁免的卫星转播机构未能面向全部指定市场地区提供当地至当地服务，但又能确定该机构采取了合理行动且已经作出诚意努力的，法院得酌情处以经济制裁，制裁用以反映：

（I）卫星转播机构对致其未能履行的情况的管控程度；

（II）卫星转播机构为纠正未履行而作出的努力的程度；以及

（III）服务中断的期间长度及严重性。

（D）获得临时豁免的机会只有一次——任何机构只能享有一次本项规定的临时豁免。

（E）节目短缺市场——本项中规定的"节目短缺市场"是指符合下面条件的当地市场，一路或多路本款施行之日确定的、全国电视网络中收视四强的节目，不在该市场的当地广播电视台的原始传送之列。

（3）认定合格卫星转播机构的机制

（A）适格声明——要求确认其本款中合格卫星转播机构资格的组织，应当向发出禁令的法院提交适格声明。适格声明必须包括下面内容：

（i）表明该机构面向全部指定市场地区提供当地至当地服务的宣誓书；

（ii）豁免禁令的申请；

（iii）向法院提出根据《联邦民事诉讼规则》第53条任命特别专家的申请；

（iv）同意支付特别专家根据第（4）项（B）目（ii）产生的费用；以及

（v）根据《1934年电信法》342条（a）款颁发的证书。

（B）准予确认合格卫星转播机构——根据收到的适格声明，法院应当确认该机构为合格卫星转播机构并根据第（1）项发出豁免。根据（A）目（iii）作出的申请，法院应当委任特别专家组织审查，并要求其向法院提交第（4）项（B）目规定的报告。

（C）自愿终止——任何时间，获得合格卫星转播机构资格确认的机构可以向法院提交自愿终止的声明，以书面形式证明其不再希望被确认为合格卫星转播机构。收到声明后，法院应当恢复第（1）项规定的被豁免的禁令。

（D）丧失资格阻却再次确认——获得合格卫星转播机构资格确认后又丧失确认或根据（C）目自愿终止确认的，不得再次获得合格卫星转播机构资格的确认。

（4）合格卫星转播者的义务及其遵守——

（A）持续服务的责任

（i）一般规定——合格的卫星转播机构应当持续面向全部指定市场地区提供当地至当地服务。

（ii）配合审查——法院根据第（3）项（B）目委任的特别专家在进行（B）目规定的审查时，合格卫星转播机构应当予以充分配合。

（B）合格卫星转播机构遵守规定的审查

（i）审查和报告——根据第（3）项（B）目委任的特别专家应当就合格卫星转播机构是否遵守本条规定的版税及家庭适格性要求作出审查，并提交相应报告。报告主要应当对合格卫星转播机构自根据第（3）项（B）目获得合格卫星转播机构身份之日起至 2012 年 4 月 30 日间的行为作出说明。

（ii）合格卫星转播机构的记录——根据第（3）项（B）目获得合格卫星转播机构资格期满一年的，自该期满之日起，但不得迟于 2011 年 12 月 1 日，合格卫星转播机构应当向特别专家提供该法官认为与本条中下列要求直接相关的全部记录：

（I）根据本条的法定许可，适当计算并支付版税。

（II）根据许可，仅向适格用户提供服务。

（iii）报告的提交——特别专家最迟应当于 2012 年 7 月 24 日向第（1）项所指的发出禁令的法院提交条文（i）规定的报告，上述法院应当向版权局局长、众议院的司法委员会、众议院的能源与商务委员会、参议院的司法委员会和参议院的商务、科技与交通委员会转交一份报告的副本。

（iv）侵权证据——特别专家应当在报告中列入一份声明，以表明其组织的审查是否有实质性证据证明，著作权权利持有者可以根据本条规定针对合格的卫星转播机构提起侵权之诉。

（v）后续审查——如果特别专家在报告中列入的声明表明，其组织的审查有实质性证据证明著作权权利持有者可以针对合格的卫星转播机构提起侵权之诉，则自条文（i）规定的报告提交后的 6 个月内，就合格卫星转播机构自上次根据条文（iii）提交报告对本条规定的许可条件中的版税及家庭适格性要求的遵守状况，特别专家应当作出新的审查。

特别专家应当向第（1）项所指的发出禁令的法院提交关于本条文规定的审查结果的报告，上述法院应当向版权局局长、众议院的司法委员会、众议院的能源与商务委员会、参议院的司法委员会和参议院的商务、科技与交通委员会转交一份报告的副本。报告中应当包括条文（iv）规定的声明。

（vi）遵守规定——根据受损害的著作权权利持有者的申请，法院查明确认合格卫星转播机构资格获得的该机构未能配合本目要求的审查后，应当终止该资格。

（vii）监督——在特别专家根据本目组织审查期间，总审计长应当对根据第（3）项的要求获得合格卫星转播机构资格者或已经获得合格卫星转播机构资格者在多大程度上遵守特别专家的审查作出监控。合格卫星转播机构应当向总审计长提供总审计长认为为履行本条文赋予的职责所必需的全部记录和人员。在此期间，在间隔 6 个月以上的频率下，总审计长应当向众议院的司法委员会、众议院的能源与商务委员会、参议院的司法委员会和参议院的商务、科技与交通委员会报告本条文规定的监控的结果。

（C）确认——获得合格卫星转播机构资格满 30 个月的，合格卫星转播机构应当向地区法院和版权局局长提交宣誓书，在宣誓书中表明，据宣誓者知道的情况而言，该机构符合合格卫星转播机构的要求。合格卫星转播机构应当将法院、特别专家和总审计长发出的全部报告或命令附在其宣誓书的副本上。

（D）遵守规定的裁定——根据权利受侵害的广播电视台的申请，确认合格卫星转播机构资格的法院得就该机构是否面向全部指定市场地区提供了当地至当地服务作出裁定。

（E）诉愿要求——根据（D）目提出申请时，提出申请者应当详细列出一处或多处被主张未能在其中提供服务的指定市场地区（该术语由 122 条（j）款第（2）项（C）目定义），并对列出的每一指定市场地区中未能提供服务的情况作出详细解释。

（F）举证责任——在依据（D）目作出裁定的程序中，涉及被主张未能在其中提供服务的指定市场地区时，获得合格卫星转播机构资格者负有证明其在被主张的时间和地点，以高质量卫星信号提供当地至当地服务，且该服务对指定市场地区内的家庭覆盖率不低于90％（以美国人口统计局发布的最新人口普查数据为准）的责任。

（5）未能提供服务

（A）制裁——法院一旦确定，合格的卫星转播机构故意不面向全部指定市场地区提供当地至当地服务的，将导致上述机构合格卫星转播机构资格的丧失，并导致根据（A）目发出的禁令豁免终止，同时，法院有权根据情况：

（i）将此类行为视为501条规定的侵权行为，并适用本法502条至506条以及本条（a）款第（6）项（B）目规定的救济；和

（ii）在不少于25万美元但不高于500万美元的范围内处以罚金。

（B）非故意违反的例外情形——法院一旦确定，卫星转播机构未能面向全部指定市场地区提供当地至当地服务并非出于故意，法院有权处以经济制裁，该制裁用以反映：

（i）卫星转播机构对致其未能履行的情况的管控程度；

（ii）卫星转播机构为纠正未履行和恢复服务而作出的努力的程度；以及

（iii）服务中断的期间长度和严重性。

（6）违反许可的制裁——法院查明，根据（a）款第（6）项（A）目，合格的卫星转播机构故意向没有权利接收本条规定的二次播送的用户，传输网络电视台含有作品表演或展示的原始播送的，应当恢复根据第（1）项被豁免的禁令，并得处以不超过250万美元的法定损害赔偿金。

（7）面向全部指定市场地区的当地至当地服务——适用于

本款规定：

（A）一般规定——根据 122 条的许可，在全部指定市场地区（由 122 条（j）款第（2）项（c）目定义）提供当地至当地服务的，得认定为提供了"面向全部指定市场地区的当地至当地服务"。

（B）家庭覆盖率——根据（A）目，以高质量卫星信号提供当地至当地服务，且该服务对指定市场地区内的家庭覆盖率不低于 90％的（以美国人口统计局发布的最新人口普查数据为准），应当认定向该指定市场地区提供了当地服务。

（C）高质量卫星信号——术语"高质量卫星信号"的定义由《1934 年电信法》342 条（e）款第（2）项给出。

120 条 建筑作品专有权利的范围

（a）允许以图形表现建筑作品——如果体现作品的建筑物位于公共场所或通常能够在公共场所见到，该建筑作品的著作权不包括阻止制作、发行或公开展示建筑作品的图片、图画、相片或其他图形表现形式的权利。

（b）改建或毁坏建筑物——不管 106 条第（2）项如何规定，体现建筑作品的建筑物的所有人可以不经作者或著作权人的同意，改建或授权他人改建该建筑物，毁坏或授权他人毁坏该建筑物。

121 条 专有权利的限制：为盲人或其他残疾人士进行的复制

（a）不管 106 条如何规定，经授权的主体以专供盲人或其他残疾人士使用的特定格式，制作或发行已经出版的非戏剧性文学作品的复制件或录音制品的，不构成著作权侵权。

（b）（1）适用本条规定的作品复制件或录音制品应当符合下列条件——

（A）不得以专供盲人或其他残疾人士使用的特定格式之外的其他格式制作或发行；

（B）附有通知，指出以特定格式之外的格式进一步复制或

发行的，构成侵权；同时

（C）包括一份著作权标记，指明著作权人的身份和首次出版的日期。

（2）本款的规定不适用标准、安全、常模参照测验及相关测验资料或计算机程序，除非其中的组成部分以惯常的人类语言描述（包括对绘画作品的描述），并在正常使用计算程序的过程中向使用者展示的。

（c）不管106条如何规定，供中小学使用的印刷教材的出版者，制作并向国家教学材料使用中心发行，《残疾人教育法》612条（a）款第（23）项（C）目、613条（a）款第（6）项和674条（e）款规定的，包含符合国家教学材料使用标准（由《残疾人教育法》674条（e）款第（3）项定义）的印刷教学材料内容的电子档案的复制件的，不构成著作权侵权：

（1）州或本地教育机构要求包括此类印刷教材的内容；

（2）出版者有权以印刷格式出版教材；同时

（3）此类复制件，只用于以特定格式复制或发行此类印刷教材。

（d）本条使用的专业术语的含义——

（1）"经授权主体"，是指主要提供与盲人或其他残疾人士的培训、教育、适应阅读、信息访问需求等相关的特殊服务的非营利组织或政府机构。

（2）盲人或其他残疾人士，是指根据1931年3月3日通过的《向成年盲人提供书本法》（《美国联邦法典》第2编135a，编号46 Stat. 1487）有权接收以特定格式制作的书本或其他出版物的个人。

（3）印刷教材的定义由《残疾人教育法》674条（e）款第（3）项（C）目给出；和

（4）特定格式是指——

（A）专供盲人或其他残疾人士使用的盲文、音频或数字文本；

（B）如果是印刷教材，包括专供盲人或其他残疾人士使用而发行的大字版本。

122条 专有权利的限制：卫星转播机构在本地市场内的转播

（a）卫星转播机构的电视广播转播——向电视台当地市场转播广播电视台含有作品表演或展示的原始播送的，如符合下列条件，适用本条规定的法定许可：

（1）面向公众的转播是由卫星转播机构进行的；

（2）卫星转播机构进行的转播，符合美国联邦电信委员会管理广播电视台信号传送的规定、条例或授权；

（3）卫星转播机构向下列主体，间接或直接收取了转播费——

（A）接收转播的用户；或

（B）因直接或间接向公众提供转播而与卫星转播机构订立合同的转播组织。

（b）报告要求——（1）原始名单——根据（a）款，转播网络电视台的原始播送的卫星转播机构，应当自此类转播开始起的90日内，向拥有网络电视台或与网络电视台有从属关系的电视网络提交一份名单（按照姓名的字母排序，并包括详细的街道、县和邮编地址），列明卫星转播机构根据（a）款提供服务的全部用户。

（2）后续名单——提交原始名单后，卫星转播机构应当于每月15日向电视网络提交一份名单（按照姓名的字母排序，并包括详细的街道、县和邮编的地址），列明自上份名单提交后增加或流失的用户。

（3）用户信息的使用——根据卫星转播机构依照本款提交的用户信息，只能用于监控卫星转播机构遵守相关规定的情况。

（4）电视网络的要求——只有接收提交名单的电视网络在版权局局长那里交存了被提交者的姓名和地址的信息的文件时，卫星转播机构才适用本条规定的提交要求。版权局局长应当将此类文件存档，以供公众查询。

（c）无需缴纳版税——卫星转播机构的转播符合（a）款法定许可的，没有为此类转播缴纳版税的责任。

（d）违反报告和相关要求的后果——不管（a）款如何规定，卫星转播机构违反（b）款的报告要求或美国联邦电信委员会管理广播电视台信号传送的规定、条例或授权，故意或多次向电视台当地市场转播广播电视台含有作品表演或展示的原始播送的，其行为构成 501 条规定的侵权行为，并完全适用 502 条至 506 条规定的救济。

（e）故意改动——不管（a）款如何规定，卫星转播机构在节目播出前后立即或在节目播出时通过改动、删除、增加等方式，故意改变原始播送者播送的含有作品表演或展示的特定节目，或任何商业广告或电视台声明，或将不同播送信号混合的，该机构向电视台当地市场转播广播电视台含有作品表演或展示的原始播送构成 501 条规定的侵权，并完全适用 502 条至 506 条以及 510 条规定的救济。

（f）违反广播电视台法定许可区域限制——

（1）个别违反——卫星转播机构故意或多次向居住在电视台当地市场之外的用户，转播广播电视台含有作品表演或展示的原始播送，且不符合 119 条法定许可也没有私人许可协议的，构成 501 条规定的侵权，并完全适用 502 条至 506 条以及 509 条规定的救济。但，符合下列条件的除外——

（A）卫星转播机构立即采取矫正措施，撤销对不适格用户的服务的，不承担侵权赔偿责任；和

（B）违反行为发生期间，每个用户每月的法定损害赔偿金不得超过 5 美元。

（2）模式化违反——卫星转播机构以某种模式或按照惯例故意或多次向居住在电视台当地市场之外的用户，转播广播电视台含有作品表演或展示的原始播送，且不符合 119 条法定许可也没有私人许可协议的，除第（1）项规定的救济外——

（A）如果模式或惯例大体上在全国范围内实行的，法院——

（i）应当颁布永久禁令，禁止卫星转播机构转播该电视台的原始播送（该电视台为网络电视台的，包括该电视网络所属的所有其他电视台）；

（ii）并且可以要求其针对模式或惯例实施的期间，按照每6个月不超过25万美元额度支付法定赔偿金。

（B）模式或惯例大体上在当地或地区范围内实行，且涉及两家以上电视台的，法院——

（i）应当颁布永久禁令，禁止卫星转播机构在当地或地区范围内，转播任何电视台的原始播送；

（ii）并且可以要求其针对模式或惯例实施的期间，按照每6个月不超过25万美元额度支付法定赔偿金。

（g）举证责任——在依据（f）款提起的诉讼中，卫星转播机构承担举证责任，证明其转播的电视台的原始播送仅提供给了该电视台当地服务区内的用户，或其服务的用户符合119条的规定，或存在私人许可协议。

（h）转播的地域限制——本条规定的法定许可，只适用对美国境内的地点进行的转播。

（i）卫星转播机构向公众成员转播电视台播送不包含的内容——111条的规定或其他人任何法律（本条和119条除外），不得解释为有授权、豁免或许可从事下述行为的意思：不经著作权人同意，通过卫星转播机构转播广播电视台原始播送节目。

（j）定义——本条中——（1）转播组织——转播组织，是指签订合同，通过单一频道或节目打包的形式传输来自卫星转播机构的转播，并直接向个体用户提供转播或通过其他节目发行主体间接提供转播的主体。

（2）当地市场——（A）一般规定——如果是商业或非商业广播电视台的，当地市场，是指电视台所在地的指定市场地区同时：

（i）如果是商业电视台，被许可在相同指定市场地区的社区内经营的电视台，属于同一当地市场；

（ii）如果是非商业教育广播电视台的，当地市场包括所有被许可在相同指定市场地区的社区内以非商业教育电视广播经营的电视台。

（B）许可的县——除（A）目规定的区域外，电视台的当地市场还包括电视台被许可经营的社区所在的县。

（C）指定市场地区——（A）目中的指定市场地区，是指由尼尔森媒体研究公司（Nielsen Media Research）认定并在1999～2000尼尔森站名索引目录（1999～2000 Nielsen Station Index Directory）和尼尔森站名索引美国电视收视家庭数量估测（Nielsen Station Index United States Television Household Estimates）或任何后续出版物上公布的经指定的市场地区。

（D）指定市场地区外的特定地区。——位于尼尔森媒体研究公司（Nielsen Media Research）认定的指定市场地区外的阿拉斯加州的人口普查区、行政区或其境内的其他地区，得被推定为阿拉斯加州内的某一当地市场的一部分。卫星转播机构决定这些人口普查区、行政区或其他地区的用户属于阿拉斯加州内的哪一个当地市场。

（3）网络电视台、卫星转播机构、转播——网络电视台、卫星转播机构、转播的含义由119条（d）项给出。

（4）用户——用户，是指从卫星转播机构接收转播服务，并直接或间接向卫星转播机构或转播组织付费的人。

（5）广播电视台——广播电视台是指——

（A）美国联邦电信委员会根据《美国联邦法规汇编》第47编第73编E分编许可的用无线电播出的商业或非商业广播电视台；以及

（B）由加拿大或墨西哥有关政府部门许可的，主要以英语播出并符合119条（d）款第（2）项（A）目网络电视台定义的广播电视台。

第2章 著作权的归属和转让

201 条 *著作权的归属*

（a）原始所有权——本法保护的作品的著作权，最初归属于作品的作者。合作作品的作者共同享有作品的著作权。

（b）雇佣作品——根据本法，作品为雇佣作品时，作品为特定主体创作的，该主体或雇主视为作品的作者，享有构成著作权的所有权利。但各方当事人共同签署书面文件，明确约定作品归属的除外。

（c）集合作品中的单个作品——集合作品中的单个作品的著作权不同于作为一个整体的集合作品的著作权，并最初归属于各独立作品的作者。没有明确转让著作权或其中包含的其他专有权利的，得推定集合作品的著作权人仅获得了将单个作品作为一个组成部分放在特定集合作品、该集合作品的修订版、同一系列的后续集合作品中复制或分发的权利。

（d）著作权的转让——

（1）著作权可以通过任何让与方式或根据法律进行全部或部分的转让，也得作为个人财产通过遗嘱、遗赠或通过法定继承转移。

（2）构成著作权的任何专有权利，包括 106 条对此类权利的细分，可以依据第（1）项转让并被分割享有。任何特定专有权利的享有者，在该权利范围内，有权与著作权人一样受到本法同等的保护与救济。

（e）强制转让——个人作者的著作权，或著作权中的专有权利，事先未被该个人作者转让，政府机关或其他官员或组织作出的任何意图占有、剥夺、转让或行使著作权或著作权中的专有权利的行为不能依据本法发生效力，但《美国联邦法典》第 11 编另有规定的除外。

202 条　著作权不同于物质载体的所有权

著作权的享有，或著作权中的专有权利的享有不同于包含有作品的物质载体的所有权。转让物质载体（包括首次固定有作品的复制件或录音作品）的所有权，该行为本身并不转让包含于物质载体内的版权作品中的任何权利；如果没有协议另外规定，转让著作权或著作权中的专有权利的，不转让物质载体中的财产权利。

203 条　作者转让著作权和授予许可的终止

（a）终止的条件——作品为非雇佣作品的，对著作权或著作权中包含的任一权利的独占性或非独占性转让或许可的授予，于 1978 年 1 月 1 日以后通过作者实施的（而非通过遗嘱），在下述条件下终止：

（1）授权由一名作者完成的，该作者可以终止该授权；或在作者死亡时，由根据本款第（2）项规定享有并有权行使超过作者终止权益半数的个人或多人终止授予。授予由合作作品的两名以上作者完成的，该终止得由当初授权的大多数作者终止；如果作者中有人死亡的，该已故作者的终止权益得作为一个整体，由根据本款第（2）项规定享有并有权行使超过作者终止权益半数的个人或多人行使。

（2）作者死亡后，其终止权益的归属和行使如下：

（A）作者的在世配偶享有该作者的全部终止权益，但作者有在世子女或孙子女的，作者的在世配偶享有该作者终止权益的一半。

（B）作者的在世子女和作者已故子女的在世子女享有该作者的全部终止权益，但作者还有配偶在世时，配偶与这些子女及孙子女各享有作者的终止权益的一半。

（C）不论如何，都应当对作者的子女或孙子女的权利进行分割，并应当根据作者子女数量，按照家系继承的规则行使权利；❶ 作者已故子女的在世子女分享的终止权益，由其中大多数人的行为行使。

（D）作者的在世配偶、子女和孙子女均已过世的，作者的遗嘱执行人、遗产管理人、（执行遗产事宜的）私人代表或信托受托人享有该作者的全部终止权益。

（3）授权终止可以在授权满35年之日起的5年期间内的任何时间生效；如果授权包括发表权的，5年期间从根据授权发表作品之日起算满35年开始计算，或者从授权之日起满40年之日起算，以期间先完成的计算方式为准。

（4）向受让人或其权利继承人事先发出书面通知，由达到本款第（1）项和第（2）项要求的终止权益数量和比例的享有者签名的，终止得以生效。

（A）通知中应当指明终止生效的日期，该日期在本款第（3）项规定的5年期间内，通知应当最迟在上述日期前2年、最早于该日期前10年发出。作为终止生效的条件之一，通知的副本应当在终止生效之日前在版权局备案。

（B）通知应当符合版权局局长在条例中规定的形式、内容和送达方式的要求。

（5）即使有相反规定的协议，包括订立遗嘱或继续授权的协议，授权终止仍得以生效。

（b）终止的效力——自授权终止生效之日起，被终止的授权中包含的所有本法规定的权利回归作者以及根据（a）款第（1）项和第（2）项享有终止权益的主体，包括在（a）款第（4）项规定中未参与签署终止通知者，但本条文受到下列限制：

---

❶ Per stripes 是一种分配遗产的方式，它的具体规则是按照家系来继承，遗产首先按照被继承人子女数进行分割，如果其中有子女死亡的，其应该继承的那一份就由她/他的子女（们）来代位继承。

（1）在授权终止前，根据授权许可创作的演绎作品在该授权终止后，仍可以在授权规定的条件下继续使用，但这一特权不得延及授权终止生效后，基于授权包含的著作权作品创作其他演绎作品。

（2）自授予终止之日将回归的未来权利，于（a）款第（4）项中规定的终止通知发出之日回归。此类权利归属于作者及（a）款第（1）项和第（2）项规定的按比例享有终止权益的主体。

（3）根据本款第（4）项的规定，再次授予授权终止中包含的权利或同意将再授予权利的，只有经本款第（2）项规定的权利重新回归的主体签署后生效，且参与签署的权利享有者享有权益的数量和比例应当与（a）款第（1）项和第（2）项中对终止授权的签署者的要求一致。再授权或同意再授权的协议，对本款第（2）项中规定的所有权利重新回归的主体有效，包括没有参与署名的主体。在许可被终止后，权利回归于自然人而该自然人死亡的，该自然人的法定代理人、遗产受赠人、法定继承人在本条规定中代表该自然人。

（4）再授权或同意再授权的协议，只有在终止生效后作出方为有效。然而，作为例外情形，（a）款第（4）项中规定的终止通知发出后，本款第（3）项规定的主体可以同原始受让人或其权利继承人订立再授权的协议。

（5）根据本条的规定终止授权，只能影响授权中包含的本法规定的权利，不得影响根据联邦、州或国外的其他法律产生的权利。

（6）除非根据本条规定授权终止生效，授权在本法规定的著作权期间内继续有效，但授权另有规定的除外。

204条 著作权转让

（a）除非让与文件、函件或转让合同以书面形式作出，并经转让权利的著作权人或其正当授权的代理人签名，或者根据法律规定，否则著作权的转移不发生法律效力。

（b）具有下列情形之一的，证书并非有效转让的必备条件，但可以作为证明实施转让的初步证据——

（1）转让在美国境内完成，证书由被授权管理美国境内宣誓者颁发；或

（2）转让在国外完成，证书由美国的外交或领事官员颁发，或由被授权管理宣誓者颁发，该授权须经前述官员通过证书证明。

205 条　转让及其他文件的备案

（a）备案的条件——如符合下面的条件，任何著作权转让或其他与著作权有关的文件得以在版权局备案：备案文件中有行为实施者的实际签名或该文件附有宣誓或官方证明书以表明该文件是经签署的原始文件的真实副本。根据版权局局长制定的条例，可以采用电子形式向版权局提交宣誓或官方证明书。

（b）备案证明书——版权局局长，应当自收到（a）款规定的文件以及 708 条规定的费用后，对文件进行备案并将备案证明书和该文件一道返还。

（c）备案具有推定通知的效力——在下列条件下，文件在版权局备案后，推定其他主体已经知晓经备案文件中记载的内容——

（1）文件或其所附的资料中详细描述了与之相关的作品，以便版权局局长将文件编入索引后，通过作品标题或登记号进行合理搜索就能够显示出该文件；和

（2）作品已经登记。

（d）转让相冲突时的优位次序——存在相冲突的两个转让时，先进行的转让如果备案则优先于后一转让，但该备案必须符合（c）款规定的具有推定通知效力的备案要求，且自在美国境内完成转让后的 1 个月内备案或自国外完成转让后的 2 个月内备案，或在后一转让者以上述方式备案前的任何时间完成备案。否则，后一转让如果先以上述方式备案，且善意支付了对价或作出

有约束力的支付版税的承诺，且并不知晓有先前转让的，后一转让优先。

（e）著作权转让和非独占许可冲突时，优位次序的确定——如符合下列条件，非独占许可如果有转让权利的著作权人或其正当授权的代理人签名的书面文件证明的，不论是否备案，其效力优于与之相冲突的著作权转让：

（1）许可在实施转让之前获得；或

（2）许可出于善意并在转让备案之前获得，且不知晓转让存在的。

第3章 著作权的存续期间

301 条 本法优先于其他法律适用

（a）自 1978 年 1 月 1 日起，在以有形表现形式固定的属于 102 条和 103 条规定的著作权保护客体的作品之上存在的，相当于 106 条规定的著作权一般权利范围内的专有权利的所有制定法或衡平法中的权利，均由本法规定，不论作品是否在该日之前还是之后创作，也不论是否出版。此后，任何人就作品都不再享有普通法或州制定法规定的权利或类似权利。

（b）出现下列情形的，本法中的规定不废除或限制普通法或州制定法中的权利或救济——

（1）作品不属于 102 条和 103 条规定的著作权客体，包括未以有形形式固定的作品；或

（2）因 1978 年 1 月 1 日前的承诺而引起的诉由；

（3）侵犯制定法或衡平法上的权利的行为，该权利不同于 106 条规定的著作权一般范围内的专有权利；或

（4）与 102 条（a）款第（8）项保护的建筑作品有关的州或当地的地标、古迹保护、城市区划或建筑规范。

（c）如果是 1972 年 2 月 15 日前录制的录音作品，在 2067 年 2 月 15 日之前，普通法或州制定法中的权利或救济不受本法的废除或限制。（a）款的优先适用规定适用于因 2067 年 2 月 15 日以后的承诺而产生的诉由的相关权利和救济。不论 303 条如何规定，1972 年 2 月 15 日前录制的录音作品受本法的著作权保护，不论是在 2067 年 2 月 15 日之前、当天还是之后。

（d）本法中的规定不废除或限制其他联邦制定法规定的权

利或救济。

（e）联邦法律在本法之下优先适用的范围不因美国加入《伯尔尼条约》或履行该条约的相关义务而受到影响。

（f）（1）自《1990 视觉艺术作品权利法》610 条（a）款中规定的生效之日起，对于 106 条之二规定的视觉艺术作品所赋予的与 106 条之二中的专有权利相当的制定法或衡平法中的权利，均由 106 条之二和 113 条（d）款以及与该两条款规定相关的本法中的其他条款规范。此后，就视觉艺术作品，任何人都不再享有普通法或州制定法规定的权利或类似权利。

（2）出现下列情形的，第（1）项的规定不废除或限制普通法或州制定法中的权利或救济——

（A）因《1990 视觉艺术作品权利法》610 条（a）款中规定的生效之日前的承诺产生的诉由；

（B）侵犯制定法或衡平法上的权利，该权利不同于 106 条之二规定的视觉艺术作品中的权利；或

（C）侵犯作者死后存续的制定法或衡平法上的权利。

302 条 著作权的存续期间：1978 年 1 月 1 日或之后创作的作品

（a）一般规定——1978 年 1 月 1 日或之后创作的作品，作品自创作完成时具有著作权，该权利存续的期间为作者终生及其死亡后 70 年。

（b）合作作品——如果是两名或两名以上作者创作的合作作品的，作者并非受人雇佣创作作品的，著作权的存续期间为最后死亡的作者终生及其死亡后 70 年。

（c）匿名作品、假名作品和雇佣作品——作品为匿名作品、假名作品或雇佣作品的，著作权的存续期间为作品首次出版之年起的 95 年，或作品创作完成起的 120 年，以先期满的为准。此类期间期满之前，根据 408 条（a）款或（d）款进行的作品登记的备案中或在本款规定的备案中披露了匿名作品或假名作品的一

名或多名作者的身份的，根据本条（a）款或（b）款的规定，以身份已知的作者的寿命确定作品著作权的保护期。对匿名作品或假名作品的著作权享有利益者，可在任何时间，在版权局为此目的所作的备案中进行备案声明，指明作品一名或多名作者身份。声明中应当指明提交声明者的身份、提交者享有的利益的性质、提交备案的信息的来源以及受到影响的特定作品，同时，声明应当符合版权局局长在条例中规定的格式和内容方面的要求。

（d）作者死亡的备案——对著作权享有利益者，可在任何时间，在版权局备案版权作品作者死亡日期的声明，或者作者在特定日期依然生存的声明。声明应当指明提交声明者的身份、提交者享有的利益的性质以及提交备案的信息的来源，同时，报告书应当符合版权局局长在条例中规定的格式和内容方面的要求。版权局局长应该根据备案的声明、版权局局长认为可行的情况下使用在版权局备案中的数据信息或其他参考资料，保持著作权作品作者死亡相关信息记录的更新。

（e）作者死亡的推定——作品首次出版之年起的 95 年后，或作品创作完成起的 120 年后，以先期满的为准，版权局出具的报告显示，（d）款规定的备案的内容不能推定作者依然在世或作者死亡不到 70 年的，任何人有权主张推定作者已经死亡超过 70 年并因此受有利益。善意地信赖此推定是对抗根据本法提起的侵权之诉的完全抗辩。

303 条 著作权的存续期间：1978 年 1 月 1 日前创作但未出版或取得著作权的作品

（a）1978 年 1 月 1 日前创作的作品，此前未进入公有领域也没有取得著作权的，该作品的著作权始于 1978 年 1 月 1 日，权利存续的期间由 302 条规定。不论如何，此类作品中的著作权期满的时间不能早于 2002 年 12 月 31 日；而且，作品于 2002 年 12 月 31 日或之前出版的，著作权期满的时间不能早于 2047 年 12 月 31 日。

（b）1978 年 1 月 1 日前发行录音制品的，不得视为构成其中含有的音乐作品、戏剧作品或文字作品的出版。

304 条　著作权的存续期间：有效存在的著作权

（a）1978 年 1 月 1 日著作权处于初始保护期的——

（1）（A）在 1978 年 1 月 1 日处于初始保护期的著作权，该著作权自获得之日起存续 28 年。

（B）如果是——

（i）作者死后出版的作品或期刊、百科全书、合成作品等著作权由权利人原始取得的作品；或

（ii）著作权由法人（个人作者转让或许可著作权给法人的除外）取得的作品或著作权由雇主获得的雇佣作品；

上述著作权人可以将上述作品的著作权再续展 67 年。

（C）如果是其他作品，包括期刊、百科全书或其他合成作品中个人作者的独立作品，下列人员可以将此类作品的著作权再续展 67 年——

（i）如果作者生存的，为作者本人；

（ii）作者死亡的，为作者的遗孀、鳏夫或子女；

（iii）作者、作者的遗孀、鳏夫或子女全部死亡的，为作者的遗嘱执行人；或

（iv）作者未留有遗嘱的，为作者的近亲属。

（2）（A）如符合下列条件，本款第（1）项（B）目规定的作品的著作权的初始保护期已届满的，可以再续展保护 67 年——

（i）著作权初始保护期间届满前一年内，主张续展保护的备案申请已提交至版权局，且主张被备案的，自续展期间开始之日起，著作权归属于申请作出时有权主张续展著作权的著作权人；或

（ii）未能作出此类申请或申请未被备案的，自续展期间开始之日起，著作权归属于该权利初始保护期间最后一日享有权利的个人或机构。

（B）如符合下列条件，本款第（1）项（C）目规定的作品的著作权初始保护期届满的，可以再续展 67 年——

（i）著作权初始保护期间届满前一年内，主张续展保护的备案申请已提交至版权局，且主张被备案的，自续展期间开始之日起，著作权归属于申请作出时第（1）项（C）目规定的有权主张续展著作权的著作权人；或

（ii）未能作出此类申请或申请未被备案的，自续展期间开始之日起，著作权归属于第（1）项（C）目规定的在该权利初始保护期间最后一日享有权利的人。

（3）（A）向版权局提交主张续展保护的备案申请，需符合下列条件——

（i）著作权初始保护期届满前一年内，由第（1）项（B）目或（C）目规定有权提出续展 67 年的人提起；

（ii）著作权的续展保护期中的任何时间内，由第（2）项（A）目或（C）目规定的续展保护期间内享有著作权者提起，或由其继承人、受让人以其名义作出。

（B）此类申请不是将著作权期间续展 67 年的必要条件。

（4）（A）作品著作权初始保护期届满前一年内，没有申请保护期续展主张备案的，或者申请未被备案的，根据著作权初始保护期届满前的权利转让或授予创作的演绎作品，在著作权的续展保护期内，可以继续在原授权的条件下使用而不构成著作权侵权，但不包括在续展保护期内，使用此类许可范围内的版权作品创作其他演绎作品。

（B）著作权初始保护期间届满前一年内，主张续展保护的备案申请已提交至版权局，且主张被备案的，备案证书能够作为著作权续展保护有效性以及证书中所述事实的真实性的初步证据。法院可酌情裁定，自著作权初始保护期届满 1 年后作出的著作权续展保护期间的备案证书的证据效力。

（b）《索尼伯诺著作权保护期间延长法》生效时处于续展期的著作权——《索尼伯诺著作权保护期间延长法》生效时，著作

权仍处于续展期的，著作权的存续期间为该著作权初始取得之日起的 95 年。

（c）跨续展保护期的权利转让和许可的终止——1978 年 1 月 1 日，著作权处于初始保护期或续展保护期且作品为非雇佣作品的，对续展保护的著作权或其中包含的任一权利于 1978 年 1 月 1 日之前由本条（a）款第（1）项（C）目规定的人作出的独占性或非独占性转让或授权许可，而非通过遗嘱作出的，在下列条件下终止：

（1）授权是由作者之外的人作出的，终止授权由生存的授权者实行。授权由一名或一名以上作者作出的，在特定作者对续展著作权所享有的权利份额内，由作出授权的作者实行终止，该作者死亡的，由本款第（2）项规定的享有并有权行使超过作者终止权益半数的人实行终止。

（2）作者死亡后，其终止权益按照下列条件行使：

（A）作者的在世配偶享有该作者的全部终止权益，但作者有在世子女或孙子女的，作者的在世配偶享有该作者的终止权益的一半。

（B）作者的在世子女和该作者已故子女的在世子女享有该作者的全部终止权益，但作者有在世配偶的，前述子女或孙子女对作者的终止权益的一半进行分割。

（C）不论如何，都应当对作者的子女或孙子女的权利进行分割，并应当根据作者子女数量，按照家系继承的规则行使权利；作者已故子女的在世子女分享的终止权益，由其中大多数人的行为行使。

（D）作者的在世配偶、子女和孙子女均已过世的，作者的遗嘱执行人、遗产管理人、（执行遗产事宜的）私人代表或信托受托人享有该作者的全部终止权益。

（3）授权终止可以在著作权原始取得之日起满 56 年后或从 1978 年 1 月 1 日起的 5 年期间内的任何时间生效，以时间在后者为准。

（4）向受让人或其权利继承人事先送达书面通知后，终止得以生效。授权由作者之外的人完成的，通知应当由本款第（1）项规定的所有有权终止授权的人或其正当授权的代理人签名。授权由一名或一名以上作者作出的，在特定作者享有的权利份额内，由作者或其正当授权的代理人在通知上签名，该作者死亡的，由达到本款第（1）项和第（2）项要求的终止权益数量和比例的享有者或其正当授权的代理人在通知上签名。

（A）通知应当指明终止生效的日期，该日期应当在本款第（3）项规定的 5 年期间内；如果是（d）款规定的终止的，该日期应当在（d）款第（2）项规定的 5 年期间内；通知应当最迟在上述日期 2 年前发出，但最早不得早于该日期的 10 年前。作为终止生效的条件之一，通知的副本应当在终止生效之日前于版权局备案。

（B）通知应当符合版权局局长在条例中作出的形式、内容和送达方式方面的要求。

（5）即使有包括订立遗嘱或再授权在内的相反协议，终止授权仍得以生效。

（6）授权由作者之外的人作出的，自终止生效之日起，被终止的授权中包含的本法规定的权利回归根据本款第（1）项的规定所有有权终止授权的人。授权由一名或一名以上作者完成的，自终止生效之日起，被终止的授权中包含的本法规定的权利回归作者，作者死亡的，回归第（2）项规定的享有作者终止权益的主体，包括未参与本款第（4）项规定的通知署名的人。在所有情况下，权利回归受到下列限制：

（A）在授权终止前根据授权许可创作的演绎作品，在授权终止后，仍可以按照授权中规定的条件继续使用，但这权利不得延及终止生效后，基于被终止授权中包含的版权作品创作的其他演绎作品。

（B）自授权终止之日将回归的权利，于本款第（4）项中规定的终止通知发出之日回归。

（C）根据本款第（2）项，作者的权利回归于两名或多名自然人的，上述主体应当依照该条文中规定的权利分割方式享有此类权利。在此条件下，并根据本项（D）目的规定，对特定作者按照一定份额享有的终止授权中的权利再授权或同意再授权的，仅在根据本条文重新享有权利者签署后生效，且参与签署的权利享有者享有权益的数量和比例应当与本款第（2）项中对终止授权的签署者的要求一致。再授权或同意再授权的协议，对本条文中规定的所有权利重新回归的主体有效，包括没有参与署名的主体。在许可被终止后，权利回归于自然人而该自然人死亡的，该自然人的法定代理人、遗产受赠人、法定继承人在本条文规定中代表该自然人。

（D）再授权或同意再授权的协议在授权终止后作出方为有效。然而，作为例外情形，本款第（4）项中规定的终止通知发出后，作者或本款第（6）项第1句规定的主体，或者本项（C）目规定的主体，可以同原始受让人或其权利继承人订立再授权的协议。

（E）本条的终止授权，只能影响授权中包含的本法产生的权利，不得影响根据联邦、州或国外的其他法律产生的权利。

（F）除非根据本条规定终止生效，否则授权在著作权续展保护期的剩余期间内继续有效，但授权中另有规定的除外。

（d）《索尼伯诺著作权保护期间延长法》生效时或生效前，（c）款规定的终止权利期满的——《索尼伯诺著作权保护期间延长法》生效时，著作权处于续展期且作品为非雇佣作品的，至该法生效之时（c）款规定的终止权利已经期满，作者或终止权的享有者此前未曾行使此类终止权利的，对续展的著作权或其中包含的任一权利的独占性或非独占性转让或许可的授予，如果1978年1月1日之前由本条（a）款第（1）项（C）目规定的人作出的（而非通过遗嘱作出），在下列条件下终止：

（1）本条（c）款第（1）项、第（2）项、第（4）项、第（5）项和第（6）项规定的条件适用于《索尼伯诺著作权保护期间延长法》规定的著作权存续期间最后 20 年期间内的终止。

（2）在著作权原始取得之日起 75 年后的 5 年期间内，授权终止随时都可以生效。

305 条　著作权的期间：终期

302 条至 304 条规定的所有权利至该权利应当期满的那一年的 12 月 31 日终止。

第4章　著作权标记❶、交存物品和登记

401条　著作权标记：视觉可识别的复制件

（a）一般规定——不论何时，受本法保护的作品在美国境内或根据著作权人的授权在其他地点出版的，在公开发行的复制件上可以贴附本法规定的著作权标记，根据此标记可以直接或借助于机器装置从视觉上识别出此类作品。

（b）标记的格式——贴附在复制件上的著作权标记应当由下列3个要素构成：

（1）标志Ⓒ（c外加圈），或单词"Copyright"，或缩写"Copr."；和

（2）作品首次出版的年份；汇编作品或演绎作品中编入先前出版的资料的，只须注明汇编作品或演绎作品首次出版的年份。绘画，图形和雕塑作品及其附随的文本材料（如果有的话）复制于贺卡、明信片、文具、首饰、玩偶、玩具或其他实用物品中

---

❶　美国是《伯尔尼公约》的成员国，而公约中规定版权的获得不以加注标记为条件，为了适应公约的要求，1989年美国颁布了《1998年伯尔尼公约实施法》以调整国内法律与公约的冲突。这部法律规定，加注标记是有选择性的，如果作者没有加注标记，也不必然丧失版权。这就一改以前长期坚持的做法，实现了与国际社会的接轨。但是，政府仍然是鼓励作者加注版权标记，具体做法就是，如果作者加注了版权标记，那么在作品被侵权时，侵权人就不能主张自己是无过错侵权，就不能以这一理由向法院提出减轻自己赔偿责任的请求。因此，为了在必要的时候切实、充分地维护自己的权利，作者仍然会一如既往地加注版权标记。所以说，版权标记制度在美国的影响还是相当大的。参见：朱薇，张凤杰. 美国版权标注制度［J］. 出版参考，2005（3.上旬）.

的，可以略去年份；以及

（3）作品的著作权人的姓名或名称，或者可识别的姓名或名称的缩写，或者广为人知的著作权人的别称。

（c）标记贴附的位置——著作权标记贴附的方式和位置应当达到合理发出著作权权利声明和通知的效果。版权局局长应当在条例中规定，示范能够满足本条要求的、在不同类型的作品上贴附标记的详细方法和贴附标记的位置，但是此类规定仅具有列举示范的意义，不应当视为具有穷尽性。

（d）通知的证据效力——著作权侵权诉讼中的被告获得的已出版的复制件上贴附有符合本条有关构成要素和位置规定的著作权标记的，该被告基于非故意侵权而提出的减轻实际或法定赔偿金的抗辩不具有效力，但504条（c）款第（2）项另有规定的除外。

402条 著作权标记：录音作品的录音制品

（a）一般规定——不论何时，受本法保护的录音作品在美国境内或根据著作权人的授权在其他地点出版的，公开发行的录音作品的录音制品上可以贴附本条规定的著作权标记。

（b）标记的格式——贴附在录音制品上的著作权标记应当由下列3个要素构成：

（1）标志Ⓟ（P外加圈）；和

（2）录音作品首次出版的年份；以及

（3）录音作品的著作权人的姓名或名称，或者可识别的姓名或名称的缩写，或者广为人知的著作权人的别称；录音制品的标签或外包上印有录音作品的制作者的姓名或名称，且著作权标记上未印有其他姓名或名称的，制作者的姓名或名称应当视为标记的一部分。

（c）标记贴附的位置——应当以著作权权利主张的声明和通知能够被合理注意到的方式和位置将著作权标记贴附于录音制品的表面、标签或外包装上。

（d）通知的证据效力——著作权侵权诉讼中的被告获得的已出版的复制件上贴附有符合本条有关构成要素和位置规定的著作权标记的，该被告基于非故意侵权而提出的减轻实际或法定赔偿金的抗辩不具有效力，但 504 条（c）款第（2）项另有规定的除外。

403 条　著作权标记：收录美国政府作品的出版物

401 条（d）款和 402 条（d）款不适用于主要由美国政府作品构成的已出版的作品的复制件或录音制品，但是，著作权侵权中被告持有的已出版的复制件或录音制品上贴附的著作权标记上包含一份声明，指出复制件或录音作品中含有的受本法保护的作品部分的除外，不论该声明是以否定还是肯定的方式作出。

404 条　著作权标记：集合作品中的独立作品

（a）根据 401 条至 403 条的规定，集合作品中的独立作品可以自身贴附著作权标记。但是，适用于集合作品整体使用一个标记就可以使 401 条（d）款和 402 条（d）款的规定适用于有关集合作品中包含的独立作品（不包括非著作权人在集合作品中插入的广告），不论独立作品的著作权归属，也不论此类作品先前是否发表过。

（b）如果是《1988 年伯尔尼公约实施法》生效前，经著作权人授权公开发行的复制件和录音制品，适用于集合作品整体的单一标记中指定的主体不是自身未贴附著作权标记的独立作品的著作权人的，此种情形由 406 条（a）款的规定规范。

405 条　著作权标记：漏贴标记的特定复制件和录音制品

（a）漏贴标记的著作权效力——如果是《1988 年伯尔尼公约实施法》生效之日前，经著作权人授权公开发行的复制件和录音制品的，如符合下列条件，经著作权人授权公开发行的复制件和录音制品上漏贴 401 条至 403 条规定的著作权标记的，不影响作品中的著作权——

（1）只有其中相对较少的公开发行的复制件或录音制品上漏贴了标记；或

（2）在未贴附标记的出版物出版之前或在该出版物出版后的5年内，作品已经登记，同时，自发现漏贴后，作出合理努力以在美国境内向公众发行的复制件或录音制品上补贴标记；或

（3）漏贴标记违反了著作权人以书面形式作出的明确规定，贴附标记是授权公开发行复制件或录音制品的条件之一。

（b）漏贴标记对非故意侵权者的影响——《1988年伯尔尼公约实施法》生效之日前，任何人因基于对漏贴标记的授权复制件或录音制品的信赖而非故意的侵犯著作权的，如果侵权者能够证明其是被漏贴标记的行为误导的，对于在收到408条规定的作品登记的实际通知前进行的侵权，不承担504条规定中的实际赔偿金或法定赔偿金责任。在此情形下提起的侵权诉讼中，法院可以酌情裁定是否追偿侵权者因侵权而获得的利润，也可以禁止侵权行为的继续或裁定侵权者依照法院确定的数额和条件向著作权人支付合理的许可费用，以允许其继续从事具有侵权性的行为。

（c）移除标记——未经著作权人授权，擅自移除、销毁或涂改公开发行的复制件或录音制品上著作权标记的，不影响本法对该作品的保护。

406条　著作权标记：特定复制件和录音制品的姓名或日期有误

（a）姓名错误——如果是《1988年伯尔尼公约实施法》生效之日前，经著作权人授权公开发行的复制件和录音制品的，经著作权人授权公开发行的复制件和录音制品上贴附的著作权标记中指定的主体不是著作权人的，不影响著作权的效力和归属。

在此情形下，任何不知情从事侵犯著作权行为的主体，如果能证明其是被标记误导并且是根据标记中指定的主体的转让或许可而善意开展业务的，在因此类侵权提起的诉讼中享有完全抗辩，但在此业务开展之前具有下列情形的除外——

（1）作品以著作权人的名义已经登记的；或

（2）由著作权标记中指定的主体签署的表明著作权归属的文件已经备案的。

著作权标记中指定的主体，有责任向著作权人详细报告根据其作出的著作权转让或许可而获得的收入。

（b）日期错误——《1988 年伯尔尼公约实施法》生效之日前，经著作权人授权公开发行的复制件和录音制品上贴附的标记中的日期早于作品首次出版之日的，302 条中从作品首次出版的年份起算的期间，一律从标记中的年份起算。标记中的年份晚于作品首次出版年份一年以上的，该作品视为出版时未贴附标记并受到 405 条规定的规范。

（c）遗漏姓名或日期——《1988 年伯尔尼公约实施法》生效之日前，经著作权人授权公开发行的复制件和录音制品上未附有能合理著作权标记的组成部分的姓名或日期的，该作品视为出版时未贴附标记，在《1988 年伯尔尼公约实施法》生效之日前受 405 条规定的规范。

407 条 向国会图书馆交存复制件或录音制品

（a）除非（c）款另有规定，在符合（e）款规定的条件下，美国境内已出版的作品的著作权人或发表权的享有者，应当自出版之日起 3 个月内交存下列物品——

（1）两份最佳版本的完整复制件；或

（2）作品为录音作品的，两份最佳版本的完整录音制品以及与录音制品一同出版的印刷资料或其他可视资料。

本款的交存复制件等要求以及（e）款有关取得的规定都不是获得著作权保护的条件。

（b）前款要求的复制件或录音制品应当交存至版权局以供国会图书馆使用或留存。经交存者要求并收到 708 条规定的费用后，版权局局长应当出具交存物的收据。

（c）版权局局长可以通过条例免除有关资料的本条的交存要

求，或者只要求交存一份复制件或录音制品，不论资料的类别。个人作者为绘画，图表和雕塑作品的著作权人并符合下列条件的，此类条例应当完全免除本条的交存要求，或采取其他旨在取得满意的作品存档效果又不造成交存者实际或经济负担的替代形式：(i) 作品的复制件的出版数不足五份的；或 (ii) 作品的复制件的版本数和出版册数有限，就作品的货币价格而言，强制交存两份作品最佳版本的复制件是难以承担、不公平或不合理的。

(d) 根据 (a) 款的规定，作品出版后的任何时间内，版权局局长可以书面要求 (a) 款规定的有责任进行交存者作出交存。除非自收到书面要求后的 3 个月内作出交存的，被要求交存者需承担下列责任——

(1) 每一作品被处以不超过 250 美元的罚款；

(2) 向国会图书馆特别指定的基金存入被要求交存的所有复制件或录音制品的零售价的总额，此类零售价未确定的，支付国会图书馆获取复制件或录音制品的合理成本。

(3) 故意或屡次不遵守或拒绝遵守交存要求的，除条文 (1) 和 (2) 设定的处罚或责任外，需支付 2 500 美元的罚金。

(e) 如果是已经录制并已在美国境内向公众播放的未出版的用于播送的节目，同国会图书馆馆长和其他有利害关系组织或官员商议后，版权局局长应当制定条例以规范通过交存或其他方式使国会图书馆为馆藏而取得此类节目复制件或录音制品。

(1) 应当允许国会图书馆馆长根据此类条例中设定的标准和条件，直接从面向公众的播送中录制用于播送的节目，并得以存档目的制作此类录制物的一份复制件或录音制品。

(2) 此类条例中应当规定相应的标准和程序，使版权局局长可以书面要求美国境内享有播送权的主体交存一份用于特定播送节目的复制件或录音制品。此类交存，可以按照美国境内享有播送权的主体的选择，以赠与、复制为目的的出借或不超过复制和提供复制件或录音制品的成本价格出售的方式完成。为使相关主体能够遵守要求，根据本条文制定的条例应当规定不短于 3 个月的合理期间，并应当根据情况适当允许延长此类期间、调整要求的范围或履行要求的方式。故意不遵守或拒绝遵守此类条例规定的条件的，美国境内享有播送权的主体需要承担向国会图书馆中特别指定的基金存入特定金额的责任，其金额不超过复制和提供涉及的复制件或录音制品的成本价格。

（3）本款的任何内容不得解释为，在收到第（2）项规定的明确的书面要求之前进行节目播送的情况下，可以为了存档目的要求制作或保留未出版的用于播送的节目的复制件或录音制品。

（4）仅以为取得本款规定的复制件或录音制品为目的，且遵守本款第（1）项和第（2）项中的条例有关规定的行为，不产生侵权责任。

408 条 著作权登记的一般规定❶

（a）登记自由——已经出版或未出版的作品，1978 年 1 月 1 日前取得著作权的则是在该权利的初始保护期间内的任何时间，如果是 1978 年 1 月 1 日或之后取得著作权的则是在该权利存续期间的任何时间，作品的著作权人或任何专有权利的权利主体，都可以在向版权局交付本条规定的交存物品并一同提交 409 条和 708 条规定的申请和费用后，获得著作权主张的登记。此类登记并非著作权获得保护的条件。

（b）著作权登记中的交存物品——除非（c）款另有规定，向版权局交存的材料应当包括——

（1）作品未出版的，1 份完整的复制件或录音制品；

---

❶ 登记的意义在于：首先，补救标记疏漏或更正标记错误。其次，证明版权归属和效力。这一规定意义重大，可以使正当的版权所有人在侵权诉讼中避免因举不出有力证据而面临败诉的尴尬情形。再次，认定侵权活动的起始时间和赔偿责任。最后，在美国著作权诉讼中，对来自本国和非《伯尔尼公约》成员国的作品，登记还是权利人提起侵权诉讼的前提条件。不难看出，上述这些制度规定都是在鼓励版权人进行登记。参见：朱薇、张凤杰. 美国版权标注制度 [J]. 出版参考，2005（3. 上旬）.

（2）作品已经出版的，2份最佳版本的完整复制件或录音制品；

（3）作品在美国境外首次出版的，1份已出版的完整复制件或录音制品；

（4）作品为集合作品中的独立作品的，1份集合作品最佳版本的完整复制件或录音制品。

根据 407 条交存于国会图书馆的复制件或录音制品，如有规定的申请并支付费用且附有版权局局长通过条例和要求规定的附加证明材料的，可以用作满足本条的交存规定。版权局局长还应当制定条例以设定相关的要求，使根据 407 条（e）款规定的国会图书馆通过交存以外的方式获得的复制件或录音制品可以用作满足本条的交存规定。

（c）分类管理和选择交存——

（1）为了交存和登记，版权局局长有权通过条例规定用于管理作品而作出的分类，并规定相应各类别中应当交存的复制件或录音制品的性质。就特定类别的作品而言，条例还可以要求或允许交存证明材料以替代复制件或录音制品，或者在通常需要交存 2 份复制件或录音制品时只需交存 1 份，或者对一类相关的作品作出统一的登记。作品的分类管理不影响本法规定的著作权的客体或专有权利。

（2）在不损害第（1）项规定的一般权利时，版权局局长应当在条例中作出详细规定以允许对 12 个月的期间内的同一作者在期刊（包括报纸）上首次发表的作品进行统一登记，基于一次交存、申请和登记费用，并符合下列条件——

（A）交存物品由首次发表各作品的整本期刊或整版报纸的 1 份复制件构成；和

（B）申请中应当单独指明作品，包括含有各作品的期刊以及作品首次发表的日期。

（3）同一个人作者可就其在期刊（包括报纸）上首次发表的作品进行统一登记，提交统一申请和支付一次费用，替代 304 条

（a）款规定的单独续展登记，但需要符合下列条件：

（A）根据 304 条（a）款的规定，每一作品的续期申请者和申请基础均应一致；

（B）所有作品自其首次发表之日起都已取得著作权，不论是通过单独的著作权标记和登记，或者是通过适用于期刊整体的单一著作权标记；

（C）自所有作品首次发表的日历年的 12 月 31 日起的第 27 年和第 28 年间（包含两端）收到续展申请和续展费用；

（D）续展申请中应当单独指明作品，包括含有各作品的期刊名称以及作品首次发表的日期。

（d）更正和补充——版权局局长还应通过条例设立提交登记附加申请的正式程序，以更正著作权登记中的错误或补充登记中的信息。此类申请应当提交 708 条规定的费用，并明确指出对需要更正和补充的登记。附加登记中的信息只补充既存的登记中的信息，而不替代已经包含的信息。

（e）已登记作品的出版版本——尽管出版的作品版本大体上和未出版的版本是一致的，以未出版的形式已经登记的作品，首次出版后的版本可以进行登记。

（f）为商业销售创作的作品的预先登记——

（1）规则制定——本款颁布后的 180 天内，版权局局长应当发布条例设立为商业销售创作的未出版的作品的预先登记程序。

（2）作品类别——版权局局长裁定特定类别的作品在经授权的商业销售之前有过侵权历史的，根据第（1）项制定的条例应当允许对此类别的作品进行预先登记。

（3）登记申请——根据本款预先登记的作品首次出版后的 3 个月内，申请者应当向版权局提交——

（A）登记作品的申请；

（B）交存物品；和

（C）适用的费用。

（4）不按时申请的效力——没有在下列期间中较早的期间

内，将第（3）项中规定的物品未以合适的形式提交至版权局的，如果侵权开始于作品首次出版后的 2 个月内，则因侵犯本款预先登记作品的著作权而根据本章提起的诉讼应当被驳回——

（A）作品首次出版后的 3 个月；或

（B）著作权人知道侵权后的 1 个月。

409 条 著作权登记的申请

著作权登记的申请应当按照版权局局长规定的格式制作并应当包括——

（1）著作权申请者的姓名和地址；

（2）作品不是匿名作品或假名作品的，全体作者的姓名和国籍或住所地，有作者死亡的，则需要包括作者死亡的日期；

（3）作品为匿名作品或假名作品的，全体作者的国籍或住所地；

（4）作品为雇佣作品的，一份雇佣作品的声明；

（5）著作权申请者不是作者的，一份有关申请者如何获得著作权的简要说明；

（6）作品的标题，同时应当提交能够标识作品的曾用标题或替代标题；

（7）作品创作完成的年份；

（8）作品已经出版的，作品首次出版的日期和国家；

（9）作品为汇编作品或演绎作品的，应当指出其基础作品或收录的作品，以及著作权登记主张中包含的附加材料的简要的概括说明；以及

（10）版权局局长认为与作品的创作、标识或存在或著作权存续期间或归属有关的其他信息。

304 条（a）款第（3）项（A）目规定的续展保护的申请已经提交，但是初始保护期间未作出登记的，版权局局长可以要求初始保护期间中与作品的存在、归属或存续期间有关的其他信息。

410 条 著作权主张登记和证书颁发

（a）版权局局长经过审查后认定，依照本法的规定交存的材料构成著作权的客体并且本法的其他法定和格式要求业已满足的，版权局局长应当登记申请并向申请者颁发版权局加盖印鉴的登记证书。登记证书中应当包含申请中提供的信息并同时附有登记的生效日期和登记号。

（b）版权局局长认定依照本法的规定交存的材料不构成著作权保护的客体或著作权主张由于其他原因无效的，版权局局长应当拒绝登记并书面通知申请者拒绝的理由。

（c）在任何司法程序中，作品首次出版后的5年内或之前进行登记的，登记证书构成证明著作权有效和证书所陈述的事实有效的初步证据。此后作出的登记证书的证据效力，由法院酌情裁定。

（d）著作权登记生效的日期是指，版权局收到全部申请、交存物品和费用之日，此类申请、交存物品和费用后来由版权局局长或具有司法管辖权的法院裁定适合登记。

411 条 登记和民事侵权诉讼

（a）除非已经根据本法作出著作权主张的预先登记或登记，并且符合（b）款规定，否则不能提起侵犯美国作品著作权的民事诉讼，但因侵犯106条之二（a）款的作者权利而提起的诉讼除外。❶ 不论如何，必需的交存物品、申请和费用已经以适当的方式递送至版权局但登记被拒绝的，向版权局局长送达相关的通知以及申请的副本后，申请者可以提起侵权民事诉讼。送达后60日内，版权局局长可以根据其意愿决定是否出庭成为著作权

---

❶ 2010年3月2日，美国联邦最高法院在 Reed Elsevier, Inc. v. Muchnick 一案的判决中明确指出，登记或预先登记只是权利人主张权利的程序规则，不是一个关于管辖权的规则，也就是说，该条并不意味着美国联邦法院对没有进行登记的作品引起的纠纷不享有管辖权。See Reed Elsevier, Inc. v. Muchnick, 130 S. Ct. 1237 (2010).

主张登记异议诉讼的一方当事人，但是版权局局长未能成为诉讼一方的，不影响有司法管辖权的法院裁判争议。

（b）（1）登记证书符合本条和412条的要求，不论证书中是否含有不准确的信息，但下列情形除外——

（A）知道登记的申请中包含了不准确的信息；且

（B）如果版权局局长预先知道了不准确的信息，会拒绝登记。

（2）在任何情况下，有人主张存在第（1）项规定的不准确的信息的，法院应当要求版权局局长说明如果知道该不准确信息后是否会拒绝登记。

（3）本款不影响与登记证书包含的信息相关者的任何权利、责任或要求，但在本条和412条规定的侵权诉讼的提起和侵权救济除外。

（c）作品由声音或影像或由两者共同构成，首次录制与作品播送同时进行的，根据版权局局长条例中的规定，著作权人满足下列要求的，可以在录制发生前或后，根据501条提起侵权之诉，并完全适用502条至505条以及510条规定的救济——

（1）最迟于录制开始前48小时向侵权者发出通知，指明作品、首次播出的详细时间段和节目来源，并表明获得作品著作权的意图；以及

（2）如果（a）款要求，自首次播出后的3个月内进行作品登记。

412条　登记为特定侵权救济的必要条件

在根据本法提起的诉讼中，不能对下列行为判处504条和505条规定的法定赔偿金或律师费，但3种诉讼除外：因侵犯106条之二（a）款的作者权利而提起的诉讼、根据411条（c）款提起的诉讼、因侵犯侵权开始之前已经根据408条（f）款进行预先登记、且该登记的生效日期不晚于作品首次出版后的3个月或著作权人知道侵权后的1个月中的较早者的作品的著作权而

提起的诉讼——

（1）侵犯未出版的作品中的著作权的行为开始于作品登记生效之前的；或

（2）著作权侵权行为开始于作品首次出版后、作品登记生效之前的，但登记于作品首次出版后的 3 个月内作出的除外。

第 5 章　著作权侵权和救济

501 条　著作权侵权

（a）侵犯 106 条至 122 条规定的著作权人权利或 106 条之二（a）款规定的作者权利的，以及因进口复制件或录音制品至美国境内而违反 602 条规定的，构成著作权或作者相关权利的侵权，要根据具体情况确定侵犯的是作者的权利还是著作权人的权利。本章规定（506 条除外）中，凡涉及著作权的，均包括 106 条之二（a）款规定的权利在内。本款所使用的"任何人"包括州、州属机构和行使职权的州或州属机构的官员或雇员。州、州属机构和行使职权的州或州属机构的官员或雇员应当和任何非政府单位一样，以同种方式并同等程度受本法约束。

（b）著作权专有权利的法定权利人或受益者，在其享有该专有权利的期间，可以根据 411 条的规定对任何侵犯其专有权利的行为提起诉讼。法院可以要求该权利人，向通过版权局记录或其他方式表明就该著作权享有或主张过利益者，送达附有起诉状的有关提起诉讼的书面通知，并应当要求向可能因该案判决而遭受利益影响的任何人送达该通知。法院可以要求合并审理，并应该允许任何就该著作权享有或主张利益者参加诉讼。

（c）有线电视系统转播含有表演或展示作品的行为，根据 111 条（c）款规定构成侵权行为的，就该作品享有著作权或拥有传播或表演同一版本作品许可的电视台，应当视为本条（b）款规定的法定权利人或受益者，如果该转播行为发生在该电视台当地服务区内。

（d）对于根据 111 条（c）款第（3）项的规定，有线电视系统的转播构成侵权的，下列机构也享有诉权：

（i）播送遭到有线电视系统更改的原始播送者；

（ii）转播行为在其当地服务区内发生的任何电视台。

（e）卫星转播机构对含有作品表演或展示的原始播送进行的转播行为，根据 119 条（a）款第（5）项的规定构成侵权的，就该作品享有著作权或拥有传播或表演同一版本该作品许可的网络电视台，应当视为本条（b）款规定的法定权利人或受益者，如果该转播行为在电视台当地服务区内发生。

（f）（1）卫星转播机构对含有作品表演或展示的原始播送进行的转播行为，根据 122 条的规定构成侵权的，就该作品享有著作权或拥有传播或表演同一版本该作品许可的广播电视台，应当视为本条（b）款规定的法定权利人或受益者，如果该转播行为在电视台当地服务区内发生。

（2）为实施广播电视台根据《1934 年电信法》338 条（a）款而享有的权利，广播电视台可因卫星转播机构拒绝传送信号而提起民事诉讼，该传送信号的行为由 122 条（a）款第（2）项规定。

502 条　侵权救济：禁令

（a）为了阻止或限制著作权侵权，对根据本法引发的民事诉讼享有管辖权的法院，可以根据第 28 编 1498 条的规定以其认为合理的条件发出临时禁令或最终禁令。

（b）此类禁令得向受到禁止者送达，不论其在美国何处；该禁令应当在美国范围内实施，可由对禁令发出对象有管辖权的美国法院经藐视法庭或其他程序强制执行该禁令。请求执行禁令时，其他法院提出要求的，发出禁令的书记官应当立即转送书记官办公室中存档的所有涉案文件经核准的副本。

503 条　侵权救济：扣押和处置侵权物品

（a）（1）在根据本法的诉讼过程中，法院可以以其认为合理的条件扣押下列物品——

（A）涉嫌侵犯著作权人专有权利行为所制作或使用的复制件或录音制品；

（B）用以制作复制件或录音制品的版印、模型、母带、磁带、电影底片或其他用于侵权的工具；和

（C）证明生产、销售或接收涉及侵权的物品的记录，但任何根据本款封存的记录须由法院保管。

（2）根据第（1）项（C）目发布命令扣押记录时，法院应当就披露和使用被扣押的记录或信息等事项提出相关的保护令。保护令应当规定适当的程序以确保记录中含有的机密、个人信息、财产信息或权利信息不被不当泄露或使用。

（3）不论《联邦民事诉讼规则》第 65 条如何规定，《商标法》第 34 条（d）款第（2）项至第（11）项（《美国联邦法典》第 15 编 1116 条（d）款第（2）项至第（11）项）的相关规定，应当延及基于单方申请而根据第（1）项（C）目发布的扣押记录的命令。《商标法》第 34 条（d）款第（2）项至（11）项对该法第 32 条的有关规定应当解释为对本法 501 条的有关规定，对销售、提供销售或物品或服务流通中使用假冒商标的有关规定应当解释为对著作权侵权的有关规定。

（b）在最终判决中，法院可以下令销毁或以其他合理方式处置所有侵犯著作权人专有权利的复制件或录音制品以及用于制作此类复制件或录音制品的版印、模型、母带、磁带、电影底片或其他用于侵权的工具。

504 条 侵权救济：损害赔偿金和利润

（a）一般规定——除非本法另有规定，著作权侵权者承担——

（1）（b）款规定的著作权人的实际损害赔偿金以及侵权者的额外利润；或

（2）（c）款规定的法定赔偿金。

（b）实际损害赔偿金和利润——著作权人有权获得因侵权

而遭受的实际损害的赔偿金，同时，不算在实际赔偿金内的侵权者因侵权而获得的利润。在确定侵权者的利润时，著作权人只需提供侵权者营业总收入的证明，侵权者应当证明其可扣除的费用以及其利润中与版权作品无关的部分。

（c）法定赔偿金——

（1）除非本款第（2）项另有规定，在最终判决宣告之前，就涉及任何一部作品的所有侵权行为而言，著作权人可以选择法定赔偿金，而不是实际损害赔偿金和利润的赔偿方式，不论该赔偿是由一名侵权者独自承担或由两名以上侵权者连带承担，法院应当在不少于750美元但不高于3万美元的范围内裁定合理的法定赔偿金。在本款中，汇编作品或演绎作品的所有部分构成一部作品。

（2）著作权人承担举证责任时，法院查明侵权是故意的，法院可行使自由裁量权增加裁定的法定赔偿金的数额，但不得超过15万美元。侵权者承担举证责任时，法院查明侵权者并不知晓或没有理由相信其行为构成著作权侵权的，法院可行使自由裁量权减少裁定的法定赔偿金的数额，但不得低于200美元。

如侵权者符合下列条件，且侵权者认为或有合理的理由相信其使用版权作品的行为符合107的合理使用的，法院应当免除法定赔偿金：

（i）非营利教育机构、图书馆或档案馆的雇员或代理人在工作范围内或此类机构、图书馆或档案馆自身因复制复制件或录音制品中的作品侵权的；或

（ii）公共广播机构或个人，在公共广播机构（118条（f）款规定）通常的非营利性活动中表演已出版的非戏剧文学作品或复制含有此类作品表演的播送节目而侵权的。

（3）（A）侵权案件中，侵权者或与侵权者共同行为的人在登记、维持、续展与侵权有关的域名时，向域名登记者、域名登记处、或其他域名登记机构故意提供或故意导致提供重大失实的联系信息的，在确定救济时，应推定为故意侵权行为，除非由相

反的证据能够推翻该假定。

（B）本项的规定不得限制何种行为能依据本款被认定为故意侵权。

（C）本项规定中，术语"域名"的含义由 1946 年通过的、题为"为施行特定国际条约的规定和其他目的对商业使用的商标予以注册和保护之法"的第 45 条（通常引证为"1946 年商标法"，《美国联邦法典》第 15 编 1127 条）给出。

（d）特定案件中的附加赔偿金——法院查明商业机构的所有者以其行为符合 110 条第（5）项的免责规定主张抗辩，但没有合理的理由相信其使用版权作品符合该条免责规定的，除收取依本条规定的损害赔偿金外，原告有权要求相关商业机构的经营者因作品使用而应该向其支付的许可使用费 2 倍的费用，但按照该标准支付费用的期间至多是过去的 3 年间。

505 条　侵权救济：诉讼费和律师费

在根据本法的民事诉讼中，法院可裁量由原告或被告承担全部诉讼费用，但被告为美国政府或其官员的除外。除非本法另有规定，作为诉讼费的一部分，法院可以判给胜诉方合理的律师费。

506 条　刑事犯罪

（a）侵犯著作权的犯罪——

（1）一般规定——侵权被认定具有下列情形的，将依照第 18 编 2319 条对故意侵犯著作权者进行惩罚——

（A）侵权是为了商业利益或私人经济收益；

（B）在任何一个 180 天的期间内复制或发行（包括电子形式）一部或多部作品的一份或多份复制件或录音制品，零售总值超过 1 000 美元的；或

（C）侵权者知道或应当知道作品是为了商业销售而创作的，发行为商业销售而创作的作品或将该作品上传至公众成员能够接入的计算机网络中。

（2）证据——本款中，证明复制或发行版权作品的证据本身不足以证明侵犯著作权是故意的。

（3）定义——本款中，术语"为商业销售而创作的作品"是指——

（A）在未经许可发行时符合下列条件的计算机程序、音乐作品、电影或其他视听作品或录音作品——

（i）著作权人对商业销售有合理预期的；

（ii）作品的复制件或录音制品未经商业销售的；或是

（B）未经许可发行时符合下列条件的电影——

（i）电影放映设施中已经提供观看；且

（ii）未在美国境内，以允许在电影放映设施外观看的格式向一般公众提供复制件的销售。

（b）没收、销毁和恢复原状——作为对法律规定的其他类似救济的补充，本条涉及的没收、销毁和恢复原状应当适用第18编2323条的规定。

（c）欺诈性著作权标记——以欺诈意图在物品上贴附著作权标记或具有相同意思的文字，并知道该标记或文字是虚假的，或以欺诈意图向公共发行或为公开发行而进口附有此类标记或文字的物品，并知道该标记或文字是虚假的，应当处以不超过2500美元的罚金。

（d）欺诈性移除著作权标记——以欺诈意图移除或更改版权作品复制件上的著作权标记的，应当处以不超过2500美元的罚金。

（e）虚假说明——在申请409条规定的版权登记的过程中，或在同申请一道提供的书面说明中故意就重大事实提供虚假说明的，应当处以不超过2500美元的罚金。

（f）确认作者身份权和保护作品完整权——本条不适用于侵犯106条之二（a）赋予的权利的情形。

507条　诉讼时效

（a）刑事诉讼——除本法另有明确规定外，根据本法提起的刑事诉讼必须在引发诉讼的情况发生后的 5 年内提起，否则不能成立。

（b）民事诉讼——根据本法提起的民事诉讼必须在请求发生后的 3 年内提起，否则不能成立。

508 条　提起诉讼和诉讼裁判的通知

（a）美国法院的书记官应当自根据本法提起的诉讼提起后的 1 个月内，向版权局局长发送书面通知，并在通知中详细地说明提交给法院的文件中显示的信息，包括当事人的姓名和地址以及诉讼中涉及的全部作品的名称、作者和登记号。此后，因提交修改书、答辩状或其他诉辩状而使得其他版权作品卷入诉讼中的，书记官应当自诉辩状被提交后的 1 个月内，向版权局局长发送与之相关的通知。

（b）自案件的最终命令或判决发布后的 1 个月内，法院的书记官应当通知版权局局长，并与通知一道向版权机构发送命令或判决的副本，如果有的话还应当包括法院的书面意见。

（c）收到本条规定的通知后，版权局局长应当将该通知加入版权局的公共备案记录中。

509 条　【删除】

510 条　有线电视系统更改节目引发的救济

（a）在根据 111 条（c）款第（3）项提起的诉讼中，可获得下列救济：

（1）诉讼由 501 条（b）款或（c）款中规定的当事人提起的，502 条至 505 条规定的救济以及本条（b）款规定的救济；

（2）诉讼由 501 条（d）款中规定的当事人提起的，502 条至 505 条规定的救济，同时附带该当事人因侵权而遭受实际损害的赔偿金以及本条（b）款规定的救济。

（b）在根据 111 条（c）款第（3）项提起的诉讼中，法院得判定，在不超过 30 日的期间内，有线电视系统被剥夺该系统对其传送的一路或多路远距离信号享有法定许可的权利。

511条　州、州属机构以及州的官员的著作权侵权责任

（a）一般规定——州、州属机构以及行使职权的州的官员、雇员因侵犯 106 条至 122 条规定的著作权人的专有权利、违反 602 条进口复制件或录音制品或违反本法其他规定而遭到任何人（包括政府或非政府机构在内）在联邦法院起诉的，不能根据美国宪法第 11 修正案或其他主权豁免享有豁免。

（b）救济——在（a）款规定的诉讼中，因该款中的侵权而获得的救济（包括制定法和衡平法上的救济）与因此类侵权而针对公共或私人主体（而非州、州属机构以及行使职权的州的官员、雇员）提起的诉讼中的救济一样。此类救济包括 503 条中的扣押和处置侵权物品、504 条中的实际赔偿金、利润和法定赔偿金、505 条中的诉讼费和律师费和 510 条中规定的救济。

512条　网络资料侵权责任限制

（a）临时性数字网络通信——网络服务提供者通过其控制、管理的系统或网络，传输、发送资料或提供连接的，或在提供传输、发送或连接服务的过程中，因中转而临时存储资料的，如符合下列条件，则不承担损害赔偿责任；除（j）款另有规定外，也不承担禁令或其他衡平法上的责任：

（1）传输资料的行为由服务对象发起或依其指令进行，而非网络服务提供者造成；

（2）传输、发送、提供连接服务或存储是由自动的技术程序实施的，网络服务提供者对所传输的资料未进行选择；

（3）根据服务对象的指令作出自动反应，未选择接收资料的对象；

（4）在中间的临时存储资料过程中，除预定接收对象外，任何人无法以通常方法获得系统或网络中的复制件，超出提供传输、发送或连接服务所需的合理的必需时间后，预定接收对象无法以通常方法获得复制件；

（5）未改变经由其系统或网络传输的资料的内容。

（b）系统缓存——

（1）侵权责任限制——网络服务提供者通过其控制、管理的系统或网络，或由其他网络服务提供者为其提供的系统或网络，进行中间的临时存储资料，如果满足本款第（2）项的规定，则不承担损害赔偿责任，除（j）款另有规定外，也不承担禁令或其他衡平法上的责任：

（A）资料不是由网络服务提供者，而是由服务对象提供到网络；

（B）资料是由（A）目规定的服务对象根据另一服务对象的指令，通过系统或网络将资料传输给提出该指令的另一服务对象；且

（C）存储由自动的技术程序实施，其目的是为了在（B）目规定的传输完成后，系统或网络的用户向（A）目规定的服务对象提出要求后，仍然可以从该服务对象那获该得资料。

（2）条件——第（1）项中提及的条件是指——

（A）传输给第（1）项（C）目中规定的后续用户的第（1）项中规定的资料，与第（1）项（A）目中规定的服务对象传出的资料相比，内容未作改变；

（B）第（1）项规定的网络服务提供者应当遵守传出资料的服务对象确定的更新、重载或其他用以升级资料的规则，该规则应当符合服务对象用以传输资料的系统或网络所适用的公认的行业标准数据通信协议。本款仅适用于第（1）项（A）目提及的服务对象没有使用该规则来阻止或不合理妨碍中间存储的情形；

（C）网络服务提供者不得干扰资料所带的、向第（1）项（A）目中规定的服务对象反馈信息的技术功能，在没有干扰的情况下，第（1）项（C）目中规定的后续用户从服务对象那获得资料后，该服务对象就能直接得知该信息。该技术符合下列条件的，仍然适用本款：

（i）没有明显地影响到网络服务提供者的系统或网络的性能

146

和对资料的中间存储；

（ii）符合公认的行业标准通信协议；且

（iii）如果后续用户是直接从第（1）项（A）目中规定的服务对象那里直接接触到信息的，除了从该服务对象那里能够获得的信息外，后续用户没有从网络服务提供者的系统或网络中获取其他信息。

（D）如果第（1）项（A）目中规定的服务对象设置了某种条件，用户则必须符合该条件才能获得资料，例如，用户需要支付一定的费用，或者输入特定的密码或其他信息，只有系统或网络的用户满足相应条件时，网络服务提供者才向用户提供被存储资料的主要内容，并且，网络服务提供者是按照这些条件允许用户接触资料；且

（E）第（1）项（A）目中规定的服务对象在没有获得著作权人授权的情形下，擅自在网络上传播资料的，网络服务提供者接到（c）款第（3）项所述主张侵权的通知书后，应当立即删除被主张侵权的资料或者禁止访问这些资料。满足下列条件的，适用本款：

（i）资料之前就已经被从原始站点删除或者被禁止访问，或法院已经命令资料从原始站点删除或者禁止访问；且

（ii）发出通知方在通知中加入一项确认声明，声明资料之前就已经被从原始站点删除或者被禁止访问，或法院已经命令资料从原始站点删除或者禁止访问。

（c）依服务对象指令在系统和网络上存储信息❶

（1）一般规定——网络服务提供者在其控制、管理的系统或网络中，或者由其他网络服务提供者为其提供的系统或网络中，依服务对象指令提供信息存储空间的，如果符合下列条件，就不承担损害赔偿责任，除（j）款另有规定外，也不承担禁令责任或其他衡平法上的责任：

---

❶ 即提供信息存储空间。

（A）（i）不知道服务对象在系统或网络上提供的资料或使用该资料侵权的；

（ii）如果不符合不知道的情形，没有意识到明显属于侵权的事实或情况的；或

（iii）知道或意识到侵权后，立即删除或者禁止访问资料的。

（B）未从有管理权限并能够管理的侵权活动中直接获得经济利益的，且

（C）在接到第（3）项所述的主张侵权的通知书后，立即删除或禁止访问被主张侵权的资料或侵权活动指向的资料。

（2）指定代理人——只有网络服务提供者指定了接收第（3）项所述主张侵权通知的代理人，并且通过服务在其网站的某个位置向公众提供且向版权局提供下列信息，网络服务提供者才可以利用责任限制规定：

（A）代理人的姓名（名称）、地址、电话号码、电子邮箱地址。

（B）版权局局长认为可能需要的其他联系信息。版权局局长，应设立一个供大众查询的当前代理人名录。该名录应当通过包括互联网在内的方式供大众查询。版权局局长可以向网络服务提供者收取一定的费用用于抵偿设立代理人名录的成本。

（3）通知书的构成要件

（A）根据本款规定，权利请求人必须以书面形式将主张侵权的通知书送达网络服务提供者的指定代理人，通知书大体包含下列内容：

（i）代理人的物理签名或电子签名。该代理人由主张专属权利被侵害的权利人授权；

（ii）被主张侵权的著作权资料名称。通知书中包含有同一网站上有多部著作权资料的，应当列出资料的代表目录；

（iii）被主张侵权或侵权行为指向对象、要求网络服务提供者删除或者禁止访问的资料的名称，以及能够足以使网络服务提供者定位该资料的信息；

（iv）能够足以使网络服务提供者联系上通知人的信息，如可以联系上通知人的地址、电话号码；有电子邮件地址的，应当一并提供；

（v）在通知中指出，通知人有合理的理由相信，被投诉资料的使用方式是未经著作权人或其代理人、法律授权的；

（vi）在通知中指出，通知中的信息是准确的，并愿意承担伪证的责任，投诉方由主张专属权利被侵害的权利人授权。

（B）（i）在符合（ii）的规定时，著作权人或经其授权的代理人发出的通知未能大体符合（A）目规定内容的。在认定网络服务提供者是否知道侵权行为或明显意识到侵权事实情况时，不予适用第（1）项（A）目。

（ii）送达网络服务提供者的通知书中，未能大体上包含（A）目中全部内容，但基本符合（A）目中（ii），（iii），（iv）的规定的，网络服务提供者收到基本上遵守 A 款全部内容的通知书后，立即试图联系通知发出人或采取其他合理协助手段，适用本款（i）项。

（d）信息定位工具——网络服务提供者使用包括指南、目录、索引、指针、参照、超链接等在内的信息定位工具将用户指引或链接到含有侵权资料或侵权活动的站点，具备下列条件的，不承担损害赔偿责任，除（j）款另有规定外，也不承担禁令责任或其他衡平法上的责任：

（1）（A）不知道资料或活动侵权的；

（B）不符合上述情形，但没有意识到明显属于侵权的事实或情况的；

（C）知道或意识到侵权事实后，立即删除或者禁止访问资料的。

（2）未从有管理权限并能够管理的侵权活动中直接获得经济利益的，且；

（3）在接到（c）款第（3）项所述的主张侵权的通知书后，立即删除被主张侵权或侵权活动所指向的资料，或禁止访问的。

除此之外，本项（c）款第（3）项（A）目（iii）规定的信息中还应当包含被主张侵权的资料或活动的指引或链接的名称，以及足以使网络服务提供者定位指引或链接的信息。

（e）非营利性教育机构的责任限制——（1）网络服务提供者是公共或者其他非营利性教育机构的，具备下列情形的，其所雇用的从事教学研究的大学教师或研究生，就（a）款和（b）款而言是与其独立的，他们的行为不代表机构本身；就（c）、（d）款而言，该机构不对这些大学教师或研究生的明知或意识到其行为是侵权的行为负责：

（A）这些大学教师或研究生的侵权行为不涉及，3年内由他们在该机构施教的课程里要求或推荐的教学资料的网络连接；

（B）3年内，收到（c）款第（3）项的关于其教师或研究生有侵权行为的通知书未超过2封，并且根据（j）款规定，这些通知书不具有可诉性；且

（C）向其系统或网络里的所有用户提供，准确描述并促进遵守美国有关著作权法律的信息资料。

（2）禁令——就本款而言，责任限制适用于（j）款第（2）项和（j）款第（3）项包含的禁令救济，但不包含（j）款第（1）项规定的禁令救济。

（f）错误陈述——根据本款，任何人故意重大歪曲事实，就侵权进行错误陈述的，应该对被控侵权人、著作权人、著作权人授权许可者或网络服务提供者因信任错误陈述而删除或者禁止访问被主张侵权的资料或活动、更换被删除的资料或断开其连接所受到的损失承担损害赔偿责任，包括诉讼费和律师费用。

（1）就资料或行为侵权做错误陈述的，或；

（2）错误地使得资料或行为被删除或者被禁止访问的。

（g）被删除或被禁止访问的资料的恢复以及其他责任的限制

（1）一般情形下的撤除资料的免责——在符合第（2）项的规定时，无论资料或行为是否最终被认定为侵权，网络服务提供者不对其出于善意或基于明显属于侵权的事实或情况，作出的禁

止访问或删除资料或活动的行为承担责任。

（2）例外情形——提供信息存储空间的网络服务提供者根据（c）款第（1）项（C）的通知，删除或禁止访问根据用户指令在其运营管理或由其他网络服务提供者为其提供的系统或网络上的资料，并具备下列情形的，不适用第（1）项：

（A）立即采取合理措施通知服务对象，资料已经被删除或者被禁止访问的；

（B）接到第（3）项规定的服务对象的反通知后，立即将反通知的副本转送提供（c）款第（1）项（C）中通知书的权利人，并通知该权利人网络服务提供者将在 10 个工作日后恢复被删除或被禁止访问的资料的；且

（c）除非指定代理人收到提供（c）款第（1）项（C）目中通知书的权利人关于其已经提起诉讼，要求法院下令制止服务对象与网络服务提供者的系统或网络中资料有关的侵权活动的通知，在收到反通知的 10 个工作日后至 14 个工作日内，恢复被删除或被禁止访问的资料的；

（3）反通知的内容——反通知必须以书面形式送达网络服务提供者的指定代理人，并大体包含下列内容的，适用本款：

（A）服务对象的物理签名或电子签名；

（B）要求恢复的资料的名称和网络地址；

（C）在通知中指出，通知人有合理的理由相信，要求恢复的资料是由错误或误认而被删除或被禁止访问的，并愿意承担伪证责任。

（D）服务对象的姓名（名称）、地址、电话号码，并声明同意联邦地区法院对地址所在地的司法管辖区享有司法管辖权。服务对象的地址在美国境外的，应声明同意联邦地区法院对任何能找到网络服务提供者的司法管辖区享有司法管辖权，并接受提供（c）款第（1）项（C）中通知书的权利人或其代理人的送达。

（4）其他侵权责任的限制——遵守第（2）项的网络服务提供者，不对涉及（c）款第（1）项（C）目中通知中的著作权侵

权行为承担责任。

（h）确认侵权者的传票——

（1）请求书——根据本款，著作权人或经其授权的人可以请求任何美国地方法院的书记官，向网络服务提供者发出旨在确定被主张侵权者身份的传票。

（2）请求书的内容——可以在请求书内，向书记官提交下列内容：

（A）（c）款第 3 项（A）目中规定的通知的副本；

（B）草拟的传票；以及

（C）一份宣誓声明，指出该传票旨在确定被主张侵权者的身份，所涉及的信息只会被用于保护本法规定的权利。

（3）传票的内容——在传票中应当授权并且命令收到通知和传票的网络服务提供者，立即向著作权人或经其授权的人提供足以确定通知中提供资料的侵权者身份的信息，这些信息不应当超出网络服务提供者所能掌握信息的范围。

（4）发出传票的准则——请求书通知符合（c）款第 3 项（A）目的规定，草拟的传票格式恰当，附随声明签署正确的，法院书记官应当立即签发草拟的传票，并交由请求人向网络服务提供者发出。

（5）网络服务提供者收到传票后如何具体处理——收到发出的传票后，无论是同时或是随后收到（c）款第 3 项（A）目规定的通知，网络服务提供者应立即向著作权人或经其授权的人提供传票中要求的信息，而不考虑其他法律如何规定，也不考虑网络服务提供者是否回应通知的要求。

（6）传票适用的规则——除本条或（有管辖权的）法院适用的规则另有规定外，发出和送达传票的程序、不遵守传票的补救办法应当最大限度地适用规定了传票的发出、送达、执行的联邦民事诉讼规则。

（i）主体适格的条件

（1）技术措施的应用——只有符合下列条件的网络服务提供

者适用本条责任限制规定：

（A）采取并合理实施了在适当的情况下终止服务的规定，即在网络或系统用户或持有账户者屡次侵权时，并将该规定通知给网络服务提供者的网络或系统用户或持有账户者；且

（B）兼容并且不妨碍标准技术措施。

（2）定义——本款使用的标准技术措施是指，著作权人用于标识或保护版权作品的技术措施，且

（A）根据著作权人和网络服务提供者通过公开、公平、自愿、跨行业标准的程序，而达成的广泛共识制定；

（B）以合理的无差别的条件提供给任何人；且

（C）未给网络服务提供者增加过多的成本或对其系统或网络造成过大的负担；

（j）禁令——针对根据本条不承担损害赔偿责任的网络服务提供者，申请502条规定的禁令救济的，适用下列规则：

（1）救济范围——（A）对不符合（a）款规定的补救限制的行为，法院只能用以下一种或多种形式向网络服务提供者发出禁令救济：

（i）限制网络服务提供者，对存储在其系统或网络某特定网站的资料或活动提供连接。

（ii）以终止用户或持有账户者账号的方式，限制网络服务提供者，向其系统或网络中从事命令中认定的侵权活动的用户或持有账户者提供连接，用户或持有账户者的范围以命令中确定的为限。

（iii）法院认为必要的，旨在制止或限制在命令中确定的特定网络地址上的版权资料侵权的其他禁令救济。相比之下，该禁令救济给网络服务提供者造成的负担应当最轻。

（B）对符合（a）款规定的救济限制的行为，法院只能用以下一种或两种形式向网络服务提供者发出禁令救济：

（i）以终止用户或持有账户者账号的方式，限制网络服务提供者向其系统或网络中利用其服务从事命令中认定的侵权活动的

用户或持有账户者提供连接，用户或持有账户者的范围以命令中确定的为限。

（ii）以命令中规定的合理措施中断通向美国境外的、特定的、能被识别的网络地址的连接的方式，限制网络服务提供者提供连接的活动。

（2）需加考虑的事项——法院根据适用的法律，制定禁令救济的相关标准时应当考虑下列事项：

（A）根据本款，针对同一网络服务提供者的禁止令是否会单独或同其他禁令救济一起，对网络服务提供者或其系统或网络的运行造成极大的负担；

（B）不采取措施制止或限制侵权时，数字网络环境下著作权人可能遭受的损失的大小；

（C）禁令的实施，在技术上是否可行且有效，是否会妨碍对其他网络地址上非侵权资料的访问；以及

（D）是否存在其他负担较小、相对有效的制止或限制获得侵权资料的技术措施。

（3）通知和单方命令——除为确保保全证据的命令，以及不会对网络服务提供者通信网络的运营产生重大不利影响的命令之外，仅当通知送达网络服务提供者，并为其提供出庭机会时，本款规定的禁令救济才可以向网络服务提供者发出。

（k）定义——

（1）网络服务提供者——（A）（a）款中使用的专业术语"网络服务提供者"是指，为在用户限定的两个或多个点之间进行用户选定资料的数字网络通信，提供传输、路由、或连接，并在收发过程中未改变由用户选定的资料的内容的厂商。

（B）除了（a）款规定的情形，本章提到的"网络服务提供者"是指提供网络服务或者网络接入服务的提供商，或是为网络服务或网络接入服务的设备运营商，同时也包含（a）款规定的情形。

（2）金钱救济——本条所使用的"金钱救济"是指赔偿金、

诉讼费、律师费以及其他形式的金钱赔偿。

（l）其他抗辩事由不受影响

网络服务提供者的行为未能符合本法规定的责任限制事由的，在根据本法其他抗辩事由提出其行为不构成侵权时，不应当承受不利影响。

（m）对隐私的保护——具备下列情形之一的，不得解释本法以促成适用（a）款至（d）款的条件成就。

（1）网络服务者监控其服务或积极地搜寻能够表明侵权活动的事实的，该行为遵循符合（j）款规定的标准技术措施的除外；或

（2）网络服务提供者访问、移除、禁止访问资料的行为，被法律禁止。

（n）解释——为适用本法，（a）款、（b）款、（c）款、（d）款分开规定了独立的功能。网络服务提供者是否符合某一条规定的免责事由时，应单独考虑。不应当影响对该网络服务提供者是否符合其他条款规定的免责事由的判断。

（b）修改——

对《美国联邦法典》第 17 编第 5 章的目录作出修改，在最后增加一条："512 条　网络资料侵权责任限制"。

513 条　个体经营者合理许可费的裁定

尽管表演权协会根据同意令规定了表演权协会收取的合理许可费率或费用，个体经营者拥有或运营的公开播放非戏剧性音乐作品的非公共交易的商业机构少于 7 个，该经营者认为表演权组织提供的许可协议中有关费率或费用的规定不合理的，可以依照下列规定，申请裁定合理的许可费率或费用：

（1）为启动裁定合理费率或费用的程序，个体经营者可根据第（2）项的规定向相关地方法院提交申请，指明该经营者对费率问题持有异议，并向表演权协会送达申请的副本。自副本送达后的 90 日内，相关地方法院应当开始裁定程序，但，该法院的

管理要求对 90 日期限另有规定的除外。

（2）个体经营者可以选择在对有关同意令有司法管辖权的联邦地方法院或经营者的商业机构所在地的巡回法院之下的联邦地方法院（而非联邦巡回上诉法院）进行审理。

（3）此类裁定的程序应当由对规范表演权协会运营的同意令有司法管辖权的法院的法官审理。法院可以决定程序由法官委任的特别专家或治安法官审理。如果同意令规定要委任法院的一名或多名顾问的，此类顾问应当是法院委任的特别专家。

（4）裁定费率或费用时，应当推定法院作出裁定或同意时行业费率是合理的。此类推定不得影响适用于具体经营者时费率是否合适的裁定。

（5）在此类裁定的过程中，向法院书记官保管的附息第三者保管账户支付一定的临时许可费率或费用后，个体经营者有权公开表演表演权协会管理的全部剧目中的版权音乐作品，临时许可费率或费用应当与行业费一致，未设定行业费的应当与当事人同意的最新费率或费用一致，最终裁定的费率或费用，对临时许可费率或费用具有追溯适用的效力。

（6）根据第（3）项任命的特别专家或治安法官在裁定中作出的决定，应当交由对规范表演权协会运营的同意令有司法管辖权的地方法院的法官审查。包括审查在内，程序应当自开始后 6 个月内完成。

（7）此类最终裁定只对提起裁定程序的具体经营者具有约束力，不适用于其他经营者或表演权协会，管理表演权协会没有义务对类似情况下通过同意令规范其运营行为的音乐使用者设定同等费率。

（8）为裁定合理的许可费率或费用，个体经营者就同一表演权协会的许可协议提起的本条规定的程序不能超过一次。

（9）本条中，术语"行业费"是指表演权协会同个体经营者所属的音乐使用者行业的主要成员达成共识的许可费，或由法院为该部门裁定的许可费。

第6章　进口和出口

601条　印制、进口和向公众发行特定的复制件❶

（a）除非（b）款另有规定，1986年7月1日前，向美国境内进口或在美国境内向公众发行，主要由英文非戏剧文学资料构成的作品的复制件，并且该作品受本法保护的，为本法所禁止，但该资料已经在美国或加拿大境内印制的除外。

（b）（a）款的规定不适用于下列情形——

（1）请求进口或在美国境内向公众发行之日，此类资料中主要内容的作者不具有美国国籍或未在美国定居的，或该作者具有美国国籍，但已经在美国境外连续定居至少超过1年（从前句所述日期直接往前推算）；作品为雇佣作品的，除非委托创作该作品主要内容的雇主或其他主体不具有美国国籍或未在美国定居，或不是美国境内的企业或公司，否则不适用本条文规定的豁免；

（2）向美国海关与边境保护局递交经版权局批准颁发的进口说明的，应当允许不超过2 000份的此类作品的复制件进入；进口说明应当根据著作权人或由有著作权人指定的自然人于根据408条登记作品时或之后作出的请求颁发；

（3）进口是由美国政府、州或州属的行政区域请求的，并只供这些部门使用而不供学校使用；

（4）下列情形下，为使用而非出售提出的进口请求——

（A）任何时候，自然人提出的进口不超过1份的上述作品

---

❶　根据《公共事务法》第111－295号4条（a）款，本条因失效而废止。

的复制件的请求；

（B）任何来自美国境外的自然人，就该自然人个人行李中夹带的复制件提出的入境请求；或

（C）为了学术、教育、宗教目的运营的组织（而非私人营利），就用于其图书馆馆藏的复制件提出的请求；

（5）复制件以凸起的字符印制，供盲人使用；或

（6）除本款第（3）项和第（4）项中的进口复制件外，未在美国或加拿大境内印制的在美国境内向公众发行的作品复制件的数量不超过 2 000 份；或

（7）请求进口或在美国境内向公众分发之日，有下列情形的——

（A）资料中主要内容的作者为自然人的，并且该自然人因转让或许可在美国境内向公众发行该作品的权利而受到补偿；和

（B）作品首次在美国境外出版是根据作者向不具有美国国籍或未在美国定居，或不是美国境内的企业或公司作出的权利转让或许可；和

（C）复制件在美国境内印刷，该复制件经授权的作品版本没有发表；和

（D）制作复制件是在作者授予的转让或许可下进行的，或由（B）目所述的享有首次发表权的受让人或被许可人进行，并且享有复制权的受让人或被许可人不具有美国国籍或未在美国定居，或不是美国境内的企业或公司。

（c）如符合下列条件，则满足本条关于资料在美国或加拿大境内印制的要求——

（1）复制件直接依照排版好的格式印刷或直接依照根据上述格式制作的印板印刷的，该排版或制版是在美国或加拿大境内完成的；或

（2）排版为平版印刷或照相凸版印刷过程中印刷复制件之前的最后一道或过渡性的工序，排版是在美国或加拿大境内完成的；以及

（3）印刷或其他制作多份复制件的最后工序以及复制件的装订是在美国或加拿大境内完成的。

（d）违反本条进口或分发复制件的行为不能使本法对该作品的保护无效。然而，在因侵犯复制和分发作品复制件的专有权利而提起的民事诉讼或刑事诉讼中，如果侵权者能够证明下列事项，则其对所有构成该作品的非戏剧文学内容以及作品的其他部分享有完全抗辩，只要该部分中复制和分发复制件的专有权利的享有者与对非戏剧文学内容部分中此类专有权利的享有者为同一主体——

（1）违反本条进口或在美国境内向公众分发作品复制件的行为，由此类专有权利的享有者实行或经其授权；和

（2）根据（c）款的规定，侵权复制件是在美国或加拿大境内印制的；以及

（3）侵权行为早于作品的授权版本登记生效之日，根据（c）款的规定，作品的复制件是在美国或加拿大境内印制的。

（e）在因侵犯复制和向公众发行含有应当在美国或加拿大境内印制的内容的作品复制件的专有权利而提起的诉讼中，著作权人应当在诉状中指明，实施了（c）款规定的程序的自然人的姓名或组织的名称以及该行为的完成地。

602 条　侵权进口或出口复制件或录音制品

（a）侵权进口或出口——

（1）进口——未经本法中的著作权人授权，向美国进口在美国境外获得的作品的复制件或录音制品的，构成对 106 条规定的发行复制件或录音制品的专有权利的侵权，违反 501 条的规定。

（2）进口或出口侵权产品——未经本法中的著作权人授权，向美国进口或从美国境内出口复制件或录音制品，且制作复制件或录音制品构成著作权侵权的，或制作复制件或录音制品适用本法会构成著作权侵权的，构成对 106 条规定的发行复制件或录音制品的专有权利的侵权，违反 501 条和 506 条的规定。

（3）例外情形——本款不适用于——

（A）进口或出口复制件或录音制品经美国政府、州或州的行政区域授权或供此类部门使用，但不得包括供学校使用的复制件或录音作品，也不包括为存档以外的目的进口视听作品的复制件；

（B）为进口者或出口者个人使用而非发行目的实行的进口或出口，任何人在任何时间进口或出口复制件或录音制品不超过1份；或来自美国境外或离开美国的自然人其个人行李中夹带复制件或录音制品的；或

（C）由或为了以学术、教育、宗教为目的运营的组织（而非私人营利），为了馆藏目的，对不超过1份的视听作品的复制件实行的进口，或为了出借或馆藏，对不超过5份的其他类型作品的复制件或录音作品实行的进口，除非此类进口复制件或录音制品的行为，属于上述组织违反108条（g）款第（2）项规定而实施的系统复制或发行行为的一部分。

（b）禁止进口——如果适用本法时，制作复制件或录音制品构成著作权侵权的，应当禁止其进口。复制件或录音制品是合法制作的，美国海关与边境保护局不得阻止其进口。在前文的任一情形下，美国财政部长都有权利通过条例规定特定程序，以便就作品的著作权主张利益的自然人在交纳特定的费用后，有权收到美国海关与边境保护局发出的特定进口物品为该作品的复制件或录音作品的通知。

603 条 禁止进口：禁止进口的实施办法和对禁止进口物品的处置

（a）美国财政部长和美国邮政局得独自或联合制定条例以实施本法有关禁止进口规定的。

（b）此类条例中可以规定下列条件，作为 602 条中禁止进口物品的条件——

（1）请求禁止进口者持有法院禁止进口特定物品的命令；或

（2）请求禁止进口者应当根据规定的类型以及经规定的程序，提供其主张利益的作品的著作权是有效的以及进口会违反602条禁止规定的证明；请求禁止进口者还可能需要提供担保，以担保承担因扣押或拒绝物品不当而带来的损害责任。

（c）违反本法禁止进口规定的物品同违反海关税收法进口的财产一样，受查封和没收处罚。根据情况，没收的物品应当在美国财政部长或法院的监督下被销毁。

第7章 版 权 局

701条 总体职能和组织机构

（a）除非另有规定，本法中的行政职能和行政职责均是作为国会图书馆版权局主管的版权局局长负责。版权局局长及其下属官员以及版权局的雇员，应当由国会图书馆馆长委任，并在其指导和监管下工作。

（b）除本章其他部分规定的职能和职责外，版权局局长应当履行下列职能：

（1）就国内或国际著作权事项、因本法产生的其他事项及相关事项，向国会提议。

（2）就国内或国际著作权事项、因本法产生的其他事项及相关事项，向联邦政府部门和机构以及司法机构提供信息和帮助。

（3）就国内或国际著作权事项、因本法产生的其他事项及相关事项，参加政府间国际组织的会议，接见外国政府官员，包括经相关行政部门主管授权后成为美国代表团成员。

（4）管理与著作权、因本法产生的其他事项及相关事项、版权局的行政管理或法律设定的版权局的其他职能有关的研究课题和项目，包括管理同外国知识产权局和政府间国际组织合作开展的教育项目。

（5）履行国会要求的其他职能或能够促进本法规定的职能和职责落实的相关的职能。

（c）自1978年1月1日起，版权局局长应当采用印章以证明版权局发放的认证文书。

（d）版权局局长应当就上一财政年度中版权局的工作和业

绩向国会图书馆馆长提交年度报告。版权局局长的年度报告应当作为国会图书馆馆长的年度报告的一部分单独发表。

（e）除非 706 条（b）款和依据该款制定的条例另有规定，版权局局长根据本法实施的行为均需符合经修正的《1946 年 6 月 11 日联邦行政程序法》（《美国联邦法典》第 5 编第 2 节和第 7 章，公布文号 c. 324，60 Stat. 237）的规定。

（f）版权局局长的工资依照第 5 编 5314 条中的美国联邦政府最高级雇员序列表❶第 3 级标准支付。根据版权局局长的推荐，国会图书馆馆长应当设立不超过 4 名的版权局副局长职位。在与版权局局长商议后，国会图书馆馆长应当发出上述版权局副局长的委任令。版权局副局长的工资不应高于第 5 编 5332 条中的美国联邦政府职员薪级总表的第 18 级年薪的标准。❷

702 条　版权局条例

在不违反法律的前提下，为履行版权局局长的行政职能和行政职责，版权局局长有权制定相关条例。根据本法制定的全部条例均应得到国会图书馆馆长的批准。

703 条　版权局行政行为生效日期的确定

本法中对版权局职责行为有时间限制，且规定期间的最后一天为星期六、星期日、假日或其他哥伦比亚特区或联邦政府非工作日的，该期限顺延至紧邻的下一工作日，作为该期间期满的日期。

---

❶ Executive Schedule 是美国联邦政府行政部门内的最高级雇员薪金等级，其中分五级薪金，用罗马数字表示，I 为最高级，V 为最低级。

❷ GS（General Schedule）是美国联邦政府白领薪金登记总表，从 1 到 15 共分为 15 个等级，每个等级又从 1 到 10 划分为 10 个档次，在等级划分中 GS—1 级别最低，在每个等级中 L—1 档次最低。曾经有一段时间，也存在过 GS—16、GS—17 和 GS—18 这样三个超级薪级，后来被高级行政官岗（Senior Executive Service，SES）和高级档（Senior Level）取代。

704 条 交存版权局物品的保存和处置

（a）根据 407 条和 408 条，在版权局交存的所有复制件、录音制品和识别材料，包括与被拒绝登记的主张一同交存的物品，是美国联邦政府的财产。

（b）作品已出版的，所有交存的复制件、录音制品和识别材料可供国会图书馆收藏，也可交换或转移至其他图书馆。作品未出版的，国会图书馆有权根据版权局局长发布的条例，挑选任何交存的物品作为其馆藏或转移至美国国家档案馆或联邦备案中心（根据第 44 编 2901 条的定义确定）。

（c）在按照（b）款规定将有关材料转移至国会图书馆之前，或根据（d）款规定销毁相关材料之前，对于特定类型的作品或所有作品，版权局局长均有权拓制根据 408 条交存版权局的材料的全部或一部分，并有权将该复制件作为版权局登记备案的一部分。

（d）交存物品未被国会图书馆根据（b）款选中的，也没有做部分标识或复制件的，物品应当在版权局和国会图书馆认为可行并适当的最长期限内，处于版权局的控制之下，包括保存在国家储藏设施之内。上述期满后，版权局局长和国会图书馆馆长可以共同决定销毁或处置交存材料。但是，作品未经出版的，除非根据（c）款的规定，已将全部交存材料的拓制品放进版权局登记备案中，在该作品著作权保护期间内，不得故意销毁或以其他方式处置交存材料。

（e）根据 408 条，在版权局交存复制件、录音制品和识别材料者，或备案的著作权人，可以请求在作品完整的著作权保护期间内，在版权局的控制下，保存一件或多件此类物品。版权局局长应当通过条例规定提出和准许此类请求的条件，并确定请求被准许后，根据 708 条（a）款应当收取的费用。

705 条 版权局备案：准备、维护、公共查询和检索

（a）版权局局长应当确保维护交存备案、登记、记录和其

根据本法所做的工作的记录，并对此类备案记录进行索引。

（b）此类备案和索引以及同完成著作权登记的主张一同交存并处于版权局控制之下的物品应当向公众开放查询。

（c）收到请求和根据 708 条应当交纳的费用后，版权局应当对其公共备案、索引以及交存物品进行检索，并提供反映特定交存物品、登记或备案文件信息的报告。

706 条 *版权局备案的副本*

（a）可以制作版权局任何公共备案或索引的副本；收到请求和根据 708 条应当交纳的费用后，可以额外提供著作权登记的证明、公共备案或索引的副本。

（b）只有符合版权局局长在条例中规定的条件，才能许可或提供版权局控制下的被保存的交存物品的副本或复制件。

707 条 *版权局的表格和出版物*

（a）著作权登记目录——版权局局长应当定期地编制并公布全部著作权登记目录。上述目录，应当根据作品的分类分为不同的部分，根据实际可行性和用途，版权局局长可以酌情确定每部分出版的格式和周期。

（b）其他出版物——收到请求后，版权局局长应当免费提供著作权登记申请表格和与版权局职能相关的一般信息资料。版权局局长有权出版信息汇编、书目以及其认为对公众有用的其他资料。

（c）出版物的分发——根据第 44 编 1905 条的规定，应当免费向寄存图书馆提供版权局的所有出版物，除必须免费提供的外，应当以复制和分发的成本价格为公众销售而提供出版物。

708 条 *版权局收费*

（a）费用——应当向版权局局长支付下列费用——

（1）根据 408 条提交登记或补充登记著作权的申请，包括登记完成后颁发登记证书；

（2）根据 304 条（a）款提交续展著作权登记的申请，包括登记完成后颁发登记证书；

（3）根据 407 条出具交存物品收据；

（4）根据 205 条，对著作权转让或其他文件进行备案；

（5）根据 115 条（b）款，提交旨在获得强制许可的通知；

（6）对披露匿名作品或假名作品者身份的声明进行备案，或者根据 302 条（d）款对作者死亡声明进行备案；

（7）根据 706 条，额外颁发登记证明；

（8）颁发任何其他证书；和

（9）进行 705 条规定的检索并提出检索报告，以及提供相关的服务。版权局局长有权根据提供服务的成本确定其他服务的费用，包括制作版权局备案副本的费用，不论此类副本是否经版权局签章。

（b）费用调整——通过下列方式，版权局局长可以在条例中调整（a）款第（1）至（9）项规定的服务收费：

（1）版权局局长应当组织调查版权局因登记权利要求书、备案文件和提供服务所负担的成本。该调查还应当考虑调整费用的时间安排和不违反预算的前提下使用此类费用的权利。

（2）在符合第（5）项规定时，版权局局长可以根据第（1）项的调查调整费用，但调整的费用不应超过版权局因第（1）项规定的服务而承担的合理成本外加通货膨胀引起的预估成本的增加。

（3）应当将根据第（2）项设定的费用以美元为单位取最接近的整数的数额，当费用少于 12 美元时，取与之最接近的 50 美分的数额。

（4）根据本款设定的费用应当合理公平并充分考虑著作权制度的目的。

（5）根据第（2）项，版权局局长认定应当对费用作出调整的，版权局局长应当制作草拟的费用计划并将该计划和相应的经济分析一同提交至国会。自计划向国会提交之日起的 120 日的期间结束后，版权局局长草拟的费用可以开始适用，除非在 120 日的期间内通过的法律实质上已经规定国会不得批准该计划。

（c）根据或由本条规定的费用适用于美国政府及其所属机构、雇员或官员，但是在特殊或个别情形下，只涉及相对较少的数额时，版权局局长有权裁定免除本款规定的费用。

（d）（1）除非第（2）项另有规定，根据本条收取的所有费用，在扣除版权局产生的合理成本后，应当由版权局局长将余款交存美国国库。征收的此类费用在用完前均应当是可提取的。版权局局长可以根据其在条例中的规定，退还根据本条规定错收或多收的费用。

（2）交存的费用是为将来服务而预存的，版权局局长应当请求美国财政部长将该局长认为国库中无需满足当前支付请求的费用的任何部分投资于有息的美国证券，此部分费用中的资金应当投资于随时能够提取资金满足支付请求的证券投资中。此类投资应当用于公共债券，该债券的到期返还条件应当与版权局局长确定的版权局需求相适应；此类公共债券应当有财政部长认定的利息率，在认定利息率时应当考虑当前市场中具有类似到期返还条件的美国政府发放的国债收益率。

（3）此类投资所获的收益，在扣除版权局产生的必要成本后，应当将余款交存美国国库。

709 条　邮政或其他服务中断导致的投递延误

根据版权局局长通过条例要求的证据，版权局局长如能确定应当在特定日期投递至版权局的交存物、申请、费用或其他材料，因邮政或其他运输或通信业务的普遍性中断或中止而未能够按时送至版权局的，自版权局局长认定的此类中断或中止的服务已经恢复之日起一个月内，版权局实际接收了此类材料的，应当认为材料按时送达。

第 8 章　版税裁判官程序

801 条　*版税裁判官：任命和职能*

（a）任命——国会图书馆馆长应当任命 3 名全职版税裁判官，并应当在 3 名裁判官中指定 1 名首席裁判官。在任命上述职位前，国会图书馆馆长应当与版权局局长进行协商。

（b）职能——根据本章规定，版税裁判官的职能如下：

（1）对 112 条（e）款、114 条、115 条、116 条、118 条、119 条和 1004 条中规定的版税的合理条件和费率问题作出裁定和调整。应当为达成如下目标，确定根据 114 条（f）款第（1）项（B）目、115 条和 116 条适用的费率：

（A）尽最大可能使公众获得原创作品。

（B）在当前经济条件下，向著作权人提供其原创作品的合理报酬并向著作权使用者提供合理收益。

（C）反映著作权人和著作权使用者就向公众提供的产品所作出的创造性贡献、技术贡献、资金投入、成本、风险和为创新表达开拓市场和开辟新的传播途径方面的贡献。

（D）尽可能减少对相关的产业结构和通行的产业惯例造成破坏性影响。

（2）单独依照下列规定，对 111 条的版税费率的调整作出裁定：

（A）根据 111 条（d）款第（1）项（B）目设定的版税费率作出调整，以反映——

（i）全国性通货膨胀或通货紧缩；或

（ii）为维持向每一用户提供基本转播服务收取的版税保持

1976 年 10 月 19 日真实不变美元价值水平，作出的有线电视用户平均费率的调整。

但具有下列情形的除外——

（I）因提供基本转播服务向有线电视系统用户收取的平均费率调整后超出全国性通货膨胀的，不得对 111 条（d）款第（1）项（B）目设定的版费率作出调整；以及

（II）不能因单一用户的远距离信号值的平均值降低而提高版税的。

版税裁判官得考虑与维持此类费用水平相关的所有因素，包括用户费率管理机构是否限制产业提高提供基本转播服务的费率的减轻因素。

（B）1976 年 4 月 15 日后，联邦电信委员会的规定和条例经修正允许有线电视系统在信号的初始播送者的当地服务区域外传送附加的电视广播信号的，可以对 111 条（d）款第（1）项（B）目设定的版费率作出调整，以确保在对此类规定和条例作出修正的条件下，根据此类传送的附加远距离信号值的版税费率是合理的。为了裁定联邦电信委员会的规定和条例作出修正后而设定的版税费率是否合理，版税裁判官在众多的因素中还应当考虑对著作权人和使用者的经济影响；除此之外不得根据本目，对与下列事项相关的远距离信号值或其部分值的版税费率作出调整——

（i）1976 年 4 月 15 日生效的联邦电信委员会的规定和条例允许的信号传送，或者传送相同类型（即独立、网络或非商业教育性质）的此类信号的替代信号；或

（ii）根据 1976 年 4 月 15 日有效的联邦电信委员会规定和条例的个人豁免，于 1976 年 4 月 15 日后首次传送的电视广播信号。

（C）1976 年 4 月 15 日后，联邦电信委员会有关联合节目和体育节目独家经营权的规定和条例发生改动的，为确保在作出改动的条件下此类版税费率是合理的，可以对根据 111 条（d）款

第（1）项（B）目设定的版税费率作出调整，但此类调整只能适用于受到改动影响的、有线电视系统传送的受影响电视广播信号。

（D）可以对根据 111 条（d）款第（1）项（C）目和（D）目设定的总收入限制作出调整，以反映全国性通货膨胀或通货紧缩，或者反映为维持因提供基本转播服务作出的有线电视用户平均费率的调整后该条规定的免除款额的真实不变美元价值水平，但其中规定的版税费率不受调整影响。

（3）（A）版税裁判官查明关于版税的分配不存在争议的，可以根据情况，在 111 条、119 条和 1007 条规定的条件下分配根据 111 条、119 条和 1005 条收集的版税。

（B）版税裁判官裁认定存在争议的，版税裁判官应当根据情况，根据 111 条、119 条和 1007 条分配版税或进行部分分配。

（C）不论 804 条（b）款第（8）项如何规定，根据 111 条、119 条或 1007 条的主张提交后，一名或更多的主张者提出申请，版税裁判官将要求利害关系人对申请作出回应的通知在《联邦公报》上公布的，基于自公布之日起 30 日期间内收到的全部回应，版税裁判官认为有权接收费用的主张者中没有提出合理理由反对部分分配并具备下列条件的，可以对此类费用作出部分分配，此类主张者全体——

（i）同意进行部分分配；

（ii）签署协议，使其有义务根据（B）目作出的费用分配的最终裁定的必要范围内裁定返还多收费用；

（iii）向版税裁判官提交该协议；且

（iv）同意此类费用可以用于分配。

（D）版税裁判官和其他官员或雇员根据（C）目规定善意分配版税的，不对（C）目条件下的多付款额承担责任。最终裁定作出时，版税裁判官应当计算多付款项的数额。

（4）根据提出主张的时间或主张是否建立在一定的基础之上，接受或驳回根据 111 条、119 条和 1007 条提交的版税主张。

（5）接受或驳回 804 条规定的调整版费率的申请和 803 条
（b）款第（1）项和第（2）项规定的参加程序的申请。

（6）根据 1010 条的规定，裁定数字音频录音设备或数字音
频接口设备在 1002 条和 1003 条规定的条件下的法律地位。

（7）（A）在程序进行过程中，采纳部分或全体仲裁参与方
就版税分配的法定条件和费率或法定版税分配达成的协议，作为
处理此类事项的基础，但需满足下列条件——

（i）版税裁判官应当向可能受到程序中达成的协议里设定的
条件、费率或其他决定约束的主体提供发表意见的机会，并应当
向可能受到该协议设定的条件、费率或其他决定约束的 803 条
（b）款第（2）项规定的程序参与方提供发表意见或反对采纳该
协议作为条件和费率基础的机会；和

（ii）条文（i）中规定的参与方对协议提出反对，并且版税
裁判官根据此前的记录认定，协议不具有设定法定条件或费率的
合理基础的，版税裁判官可以拒绝对非协议订立者的参与方适用
作为法定条件和费率基础的协议。

（B）根据 112 条（e）款第（5）项、114 条（f）款第（3）
项、115 条（c）款第（3）项（E）目（i）或 118 条（b）款第
（2）项自愿协商达成的许可协议不产生法定条件和费率的效力，
不受（A）目条文（i）和条文（ii）的规范。

（C）利益相关各方可以协商并同意，同时版税裁判官也可
采纳，规定有条件通知和记录保存要求的协议，替代原本根据条
列适用的相关内容。

（8）除非 802 条（g）款另有规定，在不履行本条规定的其
他职责时，在国会图书馆内履行版权局局长指定的其他职责。

（c）规则——在根据本章进行的程序中，版税裁判官可以制
定必要的程序或证据规则，并且可以在本章的程序开始前，制定
适用于版税裁判官组织的程序的此类规则。

（d）行政支援——国会图书馆馆长应当向版税裁判官提供
与本章规定的程序有关的必要的行政服务。

第 8 章

版税裁判官程序

171

（e）工作地点——版税裁判官和工作人员的办公室应当位于国会图书馆内。

（f）行政行为的生效日期的确定——自《2004 年著作权版税和发行改革法》颁布之日起，对版税裁判官工作有时间限制的，且规定期间的最后一天为星期六、星期日、假日或其他哥伦比亚特区或联邦政府非工作日的，该期限顺延至紧邻的下一工作日，作为该期间期满的日期。

802 条 版税裁判官地位：工作人员

（a）版税裁判官的任职条件——（1）一般规定——版税裁判官应当是具有至少 7 年法律工作经验的律师。首席版税裁判官应当具有至少 5 年的裁决、仲裁、或庭审经验。其余两名裁判官，一名应当是著作权法专家，另一名应当具有相当的经济学知识背景。与（h）款规定的利益无任何经济冲突者，才可以担任版税裁判官。

（2）定义——本款中，"裁决"的含义由第 5 编 551 条给出，但不包括调解。

（b）工作人员——首席版税裁判官应当雇用 3 名全职工作人员以协助版税裁判官履行职能。

（c）任职期间——首次被任命为首席版税裁判官的，任职期限为 6 年，其余被首次任命为版税裁判官的，一名任职期限为 4 年，另一名的任职期限为 2 年。此后继任的版税裁判官的任职期限一律为 6 年。被任命的版税裁判官，可连任。版税裁判官的任期自前任版税裁判官任期期满起算。版税裁判官任期期满的，在任者得继续任职，直到选出下一任版税裁判官。

（d）职位空缺或不能履行职务——

（1）职位空缺——版税裁判官职位会出现空缺的，国会图书馆馆长应当立即行动以填补空缺，并得指定临时版税裁判官任职，直至根据本条选出另一名版税裁判官。在前任版税裁判官任期期满前被任命填补空缺的，其任职期限应当为前任任期余下的部分。

（2）不能履行职务——版税裁判官临时不能履行职责的，国会图书馆馆长得指定临时版税裁判官在此期间内履行职责。

（e）工资——

（1）裁判官——首席版税裁判官的工资应当依照第 5 编 5372 条（b）款中行政法官基本工资 AL－1 级支付，其余两名版税裁判官的工资应当依照该条的行政法官基本工资 AL－2 级支付。❶ 版税裁判官的工资不受人事管理局根据第 5 编 5376 条（b）款第（1）项授权通过的条例的影响。

（2）工作人员——根据（b）款任命的工作人员——

（A）其中一名工作人员的工资不应高于美国联邦政府职员薪级总表的第 15 级的第 10 档；

（B）另一名工作人员的工资不应低于美国联邦政府薪级总表的第 13 级，但也不应高于美国联邦政府职员薪级总表的第 14 级的第 10 档；

（C）第 3 名工作人员的工资不应低于美国联邦政府薪级总表的第 8 级，但也不应高于美国联邦政府职员薪级总表的第 11 级的第 10 档。

（3）地方工资——本款所指的工资应当包括地方工资。

（f）版税裁判官工作的独立性——

（1）独立裁定——

（A）一般规定——（i）根据（B）目和本目条文（ii）的规定，就下列事项，版税裁判官应当完全独立地作出裁定：调整和裁定版税费率和条件、版税分配、接受或驳回版税请求、版税调整申请和参与程序申请以及根据本法进行其他裁决。但单版税裁判官可以就事实问题之外的任何事项与版权局局长进行商议。

（ii）一名或多名版税裁判官可以要求版权局局长对在仲裁

---

❶ 行政法官薪酬支付由《美国联邦法典》汇编第 5 编 5372 条规定，基本薪酬分三个档次，AL－1、AL－2 和 AL－3，AL－3 级别最低。

过程中引发的、与解释本法规定有关的实体法上的重要问题作出解释，参加程序的任何一方也可以经向版税裁判官提出动议后，要求版权局局长作出上述解释。要求作出书面解释的，应当以书面形式作出请求并备案，同时，应当制定合理的规定以便参与方以尽可能减少重复和延迟的方式对实体法上的重要问题发表意见。除非（B）目另有规定，自收到参与方的全部法律理由书和意见之日起的 14 日内，版权局局长应当向版税裁判官送达书面答复。答复按时送达的，版税裁判官应当适用版权局局长答复中包含的法律解释，并将该答复存入附随最终裁定的记录中。本条文规定的权利，不能解释为授予版权局局长对版税裁判官作出程序问题的解释、对版税条件和费率作出最终调整和裁定、决定版税的最终分配方案、接受或驳回版税申请或费率调整申请或参与程序的申请。

（B）新问题——（i）在程序中出现了与解释本法规定有关的实体法上的重要新问题的，版税裁判官应当书面要求版权局局长作出决定以解决新问题。应当制定合理的规定以便程序参与方以尽可能减少重复和延迟的方式对此类要求发表意见。自收到参与方的全部法律理由书和意见之日起的 30 日内，版权局局长应当向版税裁判官发送其作出的决定。此类决定应当以书面形式作出，并由版税裁判官存入附随最终裁定的记录中。决定按时送达的，解决实体法上的重要问题时，版税裁判官应当适用版权局局长决定中的法律裁定。

（ii）条文（i）中，"新法律问题"是指 803 条（a）款规定的既存判决、裁定和裁决中不曾决定过的法律问题。

（C）商议——不论（A）目如何规定，就需要版权局采取行动但对版权局局长不具有约束力的裁定或裁决而言，版税裁判官应当与版权局局长进行商议。

（D）版权局局长对法律结论的审查——版权局局长可以对版税裁判官根据本法作出的、构成最终裁定的基础或包含其中的实体法上的重要问题的决定是否存在法律错误进行审查。对程序参与者的观点进行审议后，版权局局长认定版税裁判官作出的决定中存在重大错误的，版权局局长应当发布书面决定纠正此类法律错误，该书面决定应当存入程序记录中。版权局局长应当于版税裁判官最终作出裁定之日起的 60 日内，发布此类书面决定。同时，版权局局长应当将此类书面决定连同指明版税裁判官作出法律结论的详细鉴定一道发布在《联邦公报》上。版权局局长作出的与本法法律条文的解释有关的实体法的决定，作为先例，对根据本章进行的后来发生的程序具有约束力。根据本目作出决定后，作为一项权利，版权局局长可以根据该决定或以该决定为基础，参加 803 条（d）款规定的向联邦上诉法院哥伦比亚特区巡回庭提起的针对版税裁判官最终裁定的上诉。在参与此类上诉之前，版权局局长应当向总检察长发出通知，并尝试与之协商。总检察长收到该通知后，未能在合理期限内参加上诉的，版权局局长得以自己名义参加上诉，并为此指定律师。版权局局长以自己名义参加上诉不妨碍总检察长根据法律规定或要求代表美国政府参加诉讼。

（E）对司法审查的影响——本条中的任何内容，对法院在审查对本法规定作出的解释或释义的法律裁定时所适用的标准，或审查法院对本法规定作出的解释或释义的遵从，没有任何影响。

（2）绩效考核——

（A）一般规定——不论其他法律或国会图书馆条例如何规定，除（B）目规定外，版税裁判官不受绩效考核。

（B）处分或免职——国会图书馆馆长根据（h）款通过与裁判官免职或处分有关的条例，且条例中要求在书面文件中确定免职或处分理由的，裁判官得接受与免职或处分原因相关的详细评估。

（g）禁止承担与职责相冲突的工作——版税裁判官不得承担与版税裁判官的职务和职责相冲突的工作。

（h）行为规范——为规范版税裁判官行为和本章规定的程

序，国会图书馆馆长应当通过与行为规范有关的条例，包括经济利益冲突和对单方沟通的限制。

（i）免职或处分——版税裁判官违反根据（h）款通过的行为规范、行为不当、玩忽职守或具有会使其任职资格的生理或心理缺陷的，国会图书馆馆长可以免除裁判官的职务或对其进行处分。作出免职或处分决定前应当通知裁判官并提供听证的机会，但在听证未决期间，国会图书馆馆长得暂停裁判官的工作。裁判官停职期间，国会图书馆馆长应当指定临时裁判官。

803 条　版税裁判官裁决程序

（a）程序——（1）一般规定——为贯彻 801 条的宗旨，版税裁判官应当依照本法开展工作，在不违反本法的前提下也应该依照第 5 编第 5 章第 2 分章进行工作。版税裁判官应当依照版税裁判官和国会图书馆馆长颁布的条例，根据书面记录、版税仲裁法庭已经作出的裁定或解释、国会图书馆馆长已经作出的裁定或解释、版权局局长已经作出的裁定或解释、版税仲裁专家组已经作出的裁定或解释（此类裁定不与国会图书馆馆长或版权局局长的决定相抵触）和版税裁判官已经作出的裁定或解释（此类裁定不与版税局长根据 802 条（f）款第（1）项（A）目或（B）目作出的及时送达的决定或者版权局局长根据 802 条（f）款第（1）项（A）目作出的决定相抵触），或者依照上诉法院根据本章作出的判决（不论作出判决时《2004 年著作权版税和发行改革法》是否生效），履行职责。

（2）集体裁定和单独裁定——在根据本章进行的程序中，应当由版税裁判官的全体成员进行合议庭审。首席版税裁判官认为合适的，可以指定一名版税裁判官独自主持附带程序、行政程序和根据（b）款进行的其他程序的庭审。

（3）裁定——在根据本章进行的程序中，版税裁判官应当通过多数表决的方式作出最终裁定。对根据本章作出的裁定持有异议的版税裁判官得发表他（她）的不同意见，应当将该意见体现在最终裁定内。

（b）程序——

（1）开始——

（A）征集参加申请——（i）版税裁判官应当在《联邦公报》上公布开始本章程序的通知，征集相关主体提交参加本章规定程序的申请，此类程序是为了根据 111 条、112 条、114 条、115 条、116 条、118 条、119 条、1004 条或 1007 条的规定作出相关裁定，根据情况，征集申请应当——

（I）在 804 条（a）款中的裁定作出后，立即进行；

（II）如果程序是根据 804 条（b）款第（2）项的规定开始的，则是那年的 1 月 5 日之前；

（III）如果程序是根据 804 条（b）款第（3）项（A）目或（B）目或依照该项（A）目或（C）目的规定开始的，则是那年的 1 月 5 日之前；

（IV）依照 804 条（b）款第（8）项的规定；或

（V）如果是根据 804 条（b）款的其他规定提出申请启动程序的，则是那年的 1 月 5 日之前，如果申请未在规定的日期前提交；但公布通知的要求不应适用于 111 条规定的定于 2005 年开始的程序。

（ii）参加程序的申请应当自条文（i）的开始程序的通知公布后的 30 日内提交，此外，存在充分正当的理由且不会对已提交申请者造成不利的，版税裁判官在程序参加者提交直接书面陈述的 90 日前收到迟到的申请的，可以允许申请者参加程序。不论前句如何规定，自开程序开始的通知公布起的 30 日后提交申请的申请者没有资格对第（3）项自愿协商期间达成的解决方案提出反对意见，版税裁判官也不应考虑该申请者提出的反对意见。

（B）参加程序的申请——参加程序的申请中应当说明申请人对程序所决事项享有的利益。享有相似利益的各方可以共同提交一份参加程序申请。

（2）参加的一般规定——根据第（4）项的规定，符合下列条件的主体可以参加本章的程序，包括提交答辩状或其他信息——

（A）根据第（1）项已提交参加程序的申请的（不论是单独提出或根据第（1）项（B）目共同提出）；

（B）版税裁判官未裁定参加程序的申请形式上看是无效的；

（C）版税裁判官未主动依职权或根据其他参加人的申请裁定该主体对裁定不享有重大利益的；且

（D）参加申请附有——

（i）如果是裁定版税费率的程序，则是150美元的申请费；或

（ii）如果是裁定版税分配的程序——

（I）则是150美元的申请费；或

（II）申请人（独自或共同）作出的不请求超过1000美元的版税分配的声明，此时分配给申请人的版税不应超过1000美元。

（3）自愿协商期间——

（A）程序的开始——

（i）版税费率调整程序——提交参加程序申请的日期截止后，版税裁判官应当立即向所有参加人提供参加者的名录并在参加者之间发起自愿协商。

（ii）版税分配程序——提交参加版税分配程序申请的日期截止后，版税裁判官应当立即向程序参加人提供参加者的名录。版税裁判官应当在其裁定的时间内，在参加者之间发起自愿协商。

（B）协商程序的期间——根据（A）目进行的自愿协商的期间为3个月。

（C）后续程序——自愿协商程序结束时，版税裁判官认定需要根据本章进行下一步程序的，版税裁判官应当对是否和如何向各方适用第（4）项和第（5）项作出裁定。

（4）分配程序中的小额请求程序——

（A）一般规定——在根据本章进行的版税分配程序中，请

求的争议数额等于或少于 1 万美元的，版税裁判官应当根据参加者提交的直接书面陈述、反对方的回应和各方分别再次作出的回应对争议作出裁定。

（B）恶意夸大请求——版税裁判官认定参加人为避免根据（A）目规定的程序进行裁定，而恶意夸大争议数额使其超过 1 万美元的，应当在参加人主张的款额与实际分配款额的差额内，对该参与人处以罚金。

（5）书面程序——在本章的程序中，版税裁判官可以主动依职权或根据参加人的申请，决定根据参加者提交的直接书面陈述、反对方的回应和各方再次作出的一份回应对争议作出裁定。在作出进行书面程序的决定前，版税裁判官应当向程序各方提供发表意见的机会。本项条件下的程序——

（A）应当在重大事实上不存在争议，无需证据听证且程序各方书面同意适用该程序时适用；以及

（B）可以在版税裁判官认为合适的其他情形下适用。

（6）条例——一般规定——版税裁判官可以颁布条例以实现本法赋予其的职能。版税裁判官颁布的所有条例都应当由国会图书馆馆长批准，除（d）款另有规定外，此类条例都应当接受依据《美国联邦法典》第 5 编第 7 章进行的司法审查。根据情况，《2004 年著作权版税和发行改革法》颁布后，首次任命的版税裁判官或临时版税裁判官应当自其被任命后的 120 日内颁布条例规范本章规定的程序。

（B）临时性条例——在条例根据（A）目被采纳之前，版税裁判官可以适用在《2004 年著作权版税和发行改革法》生效前有效的，依照本章规定制定且不与本章规定相抵触的条例；但是，按照原来条例的规定应由国会图书馆馆长、版权局局长或版税仲裁小组实现的职能，根据本章规定应由版税裁判官实现的，则应当由版税裁判官根据此类条例实现。

（C）要求——根据（A）目颁布的条例应当包括：

（i）第（2）项规定的程序全体参加人的直接书面陈述和书

面反驳陈述，应当于版税裁判官规定的日期提交；如果是书面直接陈述，提交该陈述的日期不能早于第（3）项中的自愿协商期间结束前的 4 个月，也不能晚于期间结束后的 5 个月。不论前句如何规定，在条文（iv）规定的证据开示期间结束后的 15 日内，版税裁判官可以允许程序参加人提交根据证据开示程序中接收到的新信息作出修改的直接书面陈述。

（ii）（I）收到第（2）项规定的程序全体参加人提交的直接书面陈述和书面反驳陈述后，版税裁判官应当对程序参加人的观点进行考量，此后，应当就组织和完成证据开示的时间安排作出裁定。

（II）本章中，"直接书面陈述"是指在程序中展示的证人陈述、证人证言，或版税裁判官颁布的条例中规定的、设定条件或费率必需的或分配版税必需的其他信息。

（iii）在根据本章进行的程序中，版税裁判官认为合适的，可以采纳传闻证据。

（iv）与直接书面陈述有关的证据开示期间应为 60 日，但版税裁判官因处理动议、命令或在期间结束未决争议而要求进行证据开示的除外。版税裁判官可以颁布命令对书面反驳陈述的证据开示作出时间安排。

（v）第（2）项规定的本章程序的参加人，为确定版税费率，可以要求对方参加人提供与直接书面陈述或书面反驳陈述直接相关的不属于律师应为客户保密范围的文件。针对该文件要求提出反对意见的，可通过版税裁判官通过的条例的规定，以向版税裁判官提出强制提供文件的动议或请求解决。应当由版税裁判官们对强制证据开示的动议或请求作出裁定，（a）款第（2）项允许时也可由一名版税裁判官作出裁定。收到此类申请后，版税裁判官得根据依照本项制定的条例命令进行证据开示。

（vi）（I）不开示证据会对版税裁判官的决定造成实质性影响的，第（2）项规定的本章程序的参加人，可以以书面动议或备案记录的方式要求对方参加人或证人提交其他相关信息或资料。在裁定是否需要允许证据开示时，版税裁判官可以考虑——

（aa）提供要求的信息或资料造成的负担或费用是否会超出可能的利益，此时需要权衡参加人的需求和资源、争议问题的重要性和被要求的信息或资料对解决此类问题的证据价值；

（bb）被要求的信息或资料是否会造成不合理的添加或重复，或是否可以从负担更小、费用更少或更加方便的其他来源获得被要求的信息或资料；以及

（cc）请求调查取证的参加人，先前是否有充分的机会在程序证据开示过程中或以其他方式获得寻求的信息。

（II）本条不适用于定于 2010 年 12 月 31 日后开始的仲裁程序。

（vii）在本章规定的裁定版税费率的程序中，有权接收版税的参加人可以集体提取不超过 10 份的口头质询书面供词，并获取不超过 25 份的书面质询证词；承担版税支付义务的参加人可以集体提取不超过 10 份的口头质询书面供词，并获取不超过 25 份的书面质询证词。同一方仲裁参加人之间就本条文规定的口头质询或书面质询次数发生争议的，版税裁判官就其次数分配作出决定。

（viii）与本章规定的裁定版税分配的程序中的证据开示相关的规定和惯例于《2004 年著作权版税和发行改革法》生效前就已生效的，在该法生效前或后可以继续适用于此类程序。

（ix）在裁定版税的程序中，版税裁判官可以发传票，以命令参加人或证人出庭作证、提供并允许检查文件或有形财产，如果没有该证据、文件或有形财产，会实质性妨碍版税裁判官作出决定的。此类传票中应当详细指出应当提供的资料或需出庭作证的范围和性质。本条不能妨碍版税裁判官要求非程序参加人提供与版税裁判官对关键事实作出决定有关的信息或资料。

（x）版税裁判官应当命令程序参加人召开和解会议，以帮助参加人提出和解提议。和解会议应当于（iv）项规定的时长为 60 日的证据开示程序结束后的 21 天的期间内召开，版税裁判官

不应列席和解会议。

（xi）除非提供支持证人，不得在直接书面陈述或书面反驳陈述中提交证据，包括证物，但版税裁判官已经正式通知或以参考过去记录的方式并入本案或显示有合理理由的除外。

（c）版税裁判官的裁定——

（1）时间限制——版税裁判官应当于根据（b）款第（6）项（C）目（x）召开的21天期间和解会议结束后的11个月内，作出裁定，但在裁定于特定之日期满的费率或条件的后续费率或条件的程序中，至迟应于当时法定费率或条件期满前的15日作出裁定。

（2）复审——

（A）一般规定——在特殊案件中，版税裁判官认为合适时，可根据（b）款第（2）项规定的程序参加人的申请，在第（1）项的裁定作出之后，命令复审。

（B）提交复审申请的时间限制——根据（A）目的复审申请，只能于版税裁判官向程序参加人送达原审裁定后的15日内提交。

（C）对方当事人无需参加——版税裁判官命令复审的，不应当要求对方当事人参加复审，但，对方当事人不参加复审会限制（d）款第（1）项规定的司法审查的除外。

（D）禁止不利推定——禁止因未参加复审而作出不利推定。

（E）费率和条件的连续性——

（i）先前有效的法定费率和条件期满前，版税裁判官未对复审申请作出决定的，在裁定于特定之日期满的费率或条件的后续费率或条件的程序中——

（I）作为复审申请对象的、版税裁判官的原审裁定于先前有效的费率和条件期满日的第2日生效；

（II）如果是114条（f）款第（1）项（C）目或114条（f）款第（2）项（C）目规定的程序，根据114条（f）款第（4）项（B）目，自裁定作出之日起应当认定设定了版税裁判官的原审裁定的作为复审申请对象的费率和条件。

（ii）本项的复审申请未决，并不免除可能受复审申请裁定影响的有义务支付版税的主体提交清单和使用报告，根据相关裁定或条例支付版税。

（iii）不论条文（ii）如何规定，无论何时，条文（ii）中规定的版税已经支付，但并非支付给版权局的，版税裁判官指定的接收著作权使用者（或后续使用者）版税的主体，应当于复审申请被驳回后的 60 日内，或申请被准予的，于复审结束后的 60 日内，在符合版税裁判官对版税费率作出的最终裁定的必要范围内，退还先前支付的多余款额。因复审而导致费用支付不足的，应当在相同的期间内交清。

（3）裁定的内容——版税裁判官的裁定应当配有书面记录并应当指明被版税裁判官采纳的已查明的事实。在裁定采用的其他条件中，版税裁判官得详细规定系争的著作权使用者的通知和记录保存要求，以取代其他可能根据条例适用的要求。

（4）连续管辖——为纠正裁定中的技术或记录错误，或为应对致使裁定无法适当履行的不可预测的情况而更改版税条件，但不能改变版税费率，版税裁判官可以对书面裁定作出修正。此类修正应当在裁定的书面附录中规定，同时，应当向程序的参加人发出并在《联邦公报》上公布该修正。

（5）保护机密信息的命令——版税裁判官可以颁布适于保护机密信息的命令，包括在向公众公布或提供的裁定记录中删除机密信息的命令，但不能删除任何版税支付条件或费率以及版税分配的信息。

（6）公布裁定——国会图书馆馆长应当于 802 条（f）款第（1）项（D）目规定的 60 日期间结束前，在《联邦公报》上公布裁定和相应的修正。国会图书馆馆长还应当以其认为合适的方式公布裁定和相应的修正，包括（但不限于）将上述内容在网上公布。国会图书馆馆长还应向公众提供裁定和相应的修正及附随记录的查询和复制。

（7）延期支付——版税裁判官可以在裁定中规定延期支付的条件，但此类条件不能阻碍著作权权利持有者主张本法规定的其他权利或救济。

（d）司法审查——

（1）上诉——自《联邦公报》上公布版税裁判官根据（c）款作出的裁定后的 30 日内，（b）款第（2）项的程序的败诉参加人，全程参加了程序并受裁定约束的，可向联邦上诉法院哥伦比亚特区巡回庭提起上诉。参加人未参加复审的，在对复审裁定进行的司法审查的任何阶段，都不能就复审的对象提出争议。30 日期间内未有人提起上诉的，版税裁判官的裁定为终局裁定，根据情况，版税或版税分配的裁定应当按照第（2）项的规定发生效力。

（2）费率的效力——

（A）特定日期期满——根据本法规定，先前有效的版税费率和条件于特定日期期满的，版税裁判官对后续法定许可期间内的后续版税费率和条件作出的调整或裁定紧随期满之日生效，即使版税裁判官于该日之后才作出裁定。在后续期间内的版税费率和条件设定之前，被许可人有义务继续依照先前生效的版税费率和条件支付版税。无论何时，本条规定的版税已经支付，但并非支付给版权局的，版税裁判官指定的接收著作权使用者（或后续使用者）版税的主体，应当于版税裁判官作出设定后继期间内的版税费率和条件的终局裁定后或所有复审结束后或针对此类裁定的上诉终结后的 60 日内，在符合版税费率终局裁定的必要范围内，退还先前支付的多余款额（如果有的话）。著作权权利的使用者应当在相同的期间内向版税裁判官指定的主体交清不足的费用。

（B）其他情形——特定行为开始前，未根据相关许可设定该特定行为所需的版税费率和条件的，在此之后根据相关许可设定的版税费率和条件对先前的行为具有追溯力。费率和条件不设有特定期满日期的，后继费率和条件应当自版税裁判官的裁定在

《联邦公报》上公布之日起算的第 2 个月的第 1 天生效，但本法另有规定、版税裁判官另作规定或受费率和条件约束的 200 名程序参加人一致同意的除外。除非本法另有规定，在可行的条件下，费率和条件在后继费率和条件生效前继续有效。

（C）支付版税的责任——

（i）本款的上诉未决，不能免除根据 111 条、112 条、114 条、115 条、116 条、118 条、119 条或 1003 条的规定有义务支付版税的当事人承担下列责任，尽管该当事人的行为可能受到上诉裁定的影响——

（I）提交适当的清单和使用报告；以及

（II）根据相关裁定或条例支付版税。

（ii）不管条文（i）如何规定，无论何时，条文（i）中规定的版税已经支付，但并非支付给版权局的，版税裁判官指定的接收著作权使用者（或后续使用者）版税的主体，应当于上诉的最终裁定作出后的 60 日内，在符合版税裁判官对版税费率作出的上诉的最终裁定的必要范围内，退还先前支付的多余款额（命令是根据第（3）项作出的，还应包括利息）。因复审而产生的不足费用（命令是根据第（3）项作出的，还应包括利息）应当在相同的期间内交清。

（3）法院的司法管辖——本条规定的上诉法院的司法审查得适用第 5 编 706 条的规定。上诉法院更改或撤销版税裁判官的裁定的，法院有权自己决定版税的款额或分配和成本费用，并要求退还多收的款额、支付不足的款额和附属于各项款额的利息。上诉法院也可以撤销版税裁判官的裁定，并将案件发回版税裁判官重行裁定，版税裁判官应当根据（a）款再行裁定。

（e）行政事项——

（1）从申请费中扣除国会图书馆和版权局的成本——

（A）扣除合理费用——本法未另行规定时，国会图书馆馆长可以从根据（b）款收集的、根据本章规定进行的特定程序的申请费中，扣除国会图书馆馆长、版权局局长和版税裁判官因组织

该程序而产生的合理费用，但不包括版税裁判官和根据 802 条
(b) 款指定的 3 名工作人员的工资。

（B）授权行政拨款——依照（b）款收集的申请费用不能弥补根据本章产生的费用的，应当授权拨付适当的款额以补充差额。根据本目可以使用的资金，在用完前应当一直处于随时可支付状态。

（2）管理强制许可的职位——为实施 111 条、112 条、114 条、115 条、116 条、118 条、119 条或第 10 章而需设置的国会图书馆的雇员职位，不适用《1994 年立法部门拨款法》304 条。

804 条　程序的提起

（a）提交申请——就 801 条（b）款第（1）项和第（2）项所指的涉及 111 条、112 条、114 条、115 条、116 条、118 条、119 条和 1004 条中规定的版税的裁定或调整程序而言，版权作品的著作权人或使用者的版税是根据本法规定的或是根据本章在《2004 年著作权版税和发行改革法》颁布前后设定的，在（b）款设定的时间安排中规定的日历年内，可以向版税裁判官提交申请请求对版税作出裁定或调整。版税裁判官应当就申请人是否对其请求裁定或调整的版税具有重大利益作出裁定。版税裁判官裁定申请人对版税的裁定和调整具有重大利益的，版税裁判官应当将裁定通知、裁定理由和根据本章开始仲裁程序的通知在《联邦公报》上公布。如果是 801 条（b）款第（1）项规定的对 112 条和 114 条规定的因版税裁定或调整进行的程序的，在（b）款提出的时间安排中规定的日历年内，根据 803 条（b）款第（1）项（A）目规定，版税裁判官应当将根据本章开始程序的通知在《联邦公报》上公布。

（b）程序的时间安排——

（1）111 条中的程序——

（A）因 111 条中的版税裁定和调整而申请启动（a）款规定的 801 条（b）款第（2）项规定的程序，适用该项（A）目或

（D）目的，申请可以于 2005 年内和接下来每第 5 个日历年年内提交。

（B）因 111 条中的版税裁定和调整而申请启动（a）款规定的 801 条（b）款第（2）项规定的程序，适用该项（B）目或（C）目的，在相应款项规定的事由出现后的 12 个月内，版税是根据本法规定的或是根据本章在《2004 年著作权版税和发行改革法》颁布前后设定的版权作品的著作权人或使用者的，可以向版税裁判官提交申请，请求对版税作出调整。此后，版税裁判官应当按照本条（a）款的规定开始程序。根据 801 条（b）款第（2）项（B）目或（C）目，2005 年内和此后每第 5 个日历年内，都需要对根据本目作出的版税费率的调整进行重新审查。由于联邦电信委员会的规定和条例的修改，而提交申请对 111 条（d）款第（1）项（B）目设定的版税费率进行调整的，应当在申请中说明作为申请依据的此类规范修改。

（C）111 条中的版税调整，于版税裁判官在《联邦公报》上公布裁定后开始的第 1 个会计年度生效，或于裁定中规定之日生效。

（2）112 条中的某些程序——本章规定的确定 112 条（e）款第（1）项规定的行为适用的合理条件和版税费率的程序应该于 2007 年开始的，与 114 条（d）款第（1）项（C）目（iv）中专有权利限制有关的，版税条件和费率于 2009 年 1 月 1 日生效。此后每到第 5 个日历年，要重新进行此程序。

（3）114 条与 112 条的相应程序——

（A）适格非点播播送服务和新型点播服务所需缴纳的版税——《2004 年著作权版税和发行改革法》颁布后，应当尽早启动程序，以裁定 114 条和 112 条适格非点播播送服务和新型点播服务的合理版税费率和条件，该费率和条件在 2006 年 1 月 1 日和 2010 年 12 月 31 日的期间内（包含两头）有效。应当于 2009 年 1 月 1 日再次启动该程序以裁定 2011 年 1 月 1 日生效的合理版税条件和费率。此后每到第 5 个日历年，此程序要重新进行。

　（B）既存数字音频点播服务和既存卫星数字音频广播服务所需交纳的版税——应当于 2006 年 1 月启动本章程序，以裁定 114 条和 112 条既存数字音频点播服务的合理版税费率和条件，该费率和条件于 2008 年 1 月 1 日和 2010 年 12 月 31 日的期间内（包含两头）有效，并裁定 114 条和 112 条既存卫星数字音频广播服务的合理版税费率和条件，该费率和条件于 2007 年 1 月 1 日和 2010 年 12 月 31 日的期间内（包含两头）有效。应当于 2011 年再次启动此程序，以裁定 2013 年 1 月 1 日生效的合理版税条件和费率。此后每到第 5 个日历年，此程序要重新进行。

　（C）（i）不管本章的其他条款如何规定，根据 114 条（f）款第（1）项（C）目和 114 条（f）款第（2）项（C）目提起的涉及新型服务的程序，由本目规范。

　（ii）录音作品的著作权人或新型服务提供者提交裁定新型服务的版税条件和费率的申请，并指明新型服务已经或将要运营后的 30 日内，版税裁判官应当发布开始确定新型服务的版税条件和费率裁定程序的通知。

　（iii）程序应当依照 803 条（b）款、（c）款和（d）款提出的时间安排进行，此外——

　（I）应当于条文（ii）规定的通知公布后的 24 个月内作出裁定；且

　（II）决定应当依照 803 条（c）款第（2）项和（d）款第（2）项和 114 条（f）款第（4）项（B）目（ii）和（C）目的规定发生效力。

　（iv）根据情况，版税费率和条件在 114 条（f）款第（1）项（C）目或 114 条（f）款第（2）项（C）目设定的期间内有效。

　（4）115 条的程序——因 115 条中的版税调整或裁定而申请启动（a）款规定的 801 条（b）款第（1）项规定的程序，得于 2006 年内和此后每第 5 个日历年内提出申请，或于各方根据 11

条（c）款第（3）项（B）目和（C）目一致同意的时间内提出申请。

（5）116 条的程序——（A）因 116 条中的版税裁定和调整而申请启动（a）款规定的 801 条（b）款规定的程序，在 116 条授权的协商协议终止或期满并未被后续协议取代的一年内提出申请。

（B）116 条授权的协商协议终止或期满并未被后续协议取代的，版税裁判官在终止或期满后的一年内收到申请的，应当开始程序，以立即设定通过投币点唱机公开表演已终止或期满的协议中规定的录音制品中的非戏剧音乐作品的临时版税费率；本句中的后续协议是指允许使用一定数量的音乐作品的协议，协议中允许使用的作品数量不应少于至 1989 年 3 月 1 日结束的一年期间内用于投币点唱机表演的此类作品的数量。此类版税费率应当与此前的此类版税费率一致，并在版税裁判官根据 803 条调整适用于此类作品的版税费率的程序作出结论前，或 116 条（b）款的新的协商协议替代前一协议前，继续有效。

（6）118 条的程序——因 118 条中的版税裁定和调整而申请启动（a）款规定的 801 条（b）款第（1）项规定的程序，应于 2006 年内和此后每第 5 个日历年内提交申请。

（7）1004 条中的程序——因 1004 条中的版税裁定和调整而申请启动（a）款规定的 801 条（b）款第（1）项规定的程序，应依照 1004 条（a）款第（3）项的规定提交申请。

（8）版税分配程序——如果是因 111 条、119 条或 1007 条中规定的某些情况下的版税分配而规定的 801 条（b）款第（3）项规定的程序，版税裁判官应自作出争议存在的裁定后立即在《联邦公报》上公布开始本章程序的通知。

805 条 自愿协商协议的一般规定

符合下列条件的费率或条件——

（1）经 803 条（b）款第（3）项的程序的参加人同意的，

（2）由版税裁判官在本章程序的裁定中采用的，且

（3）有效期间短于本章裁定会适用的期间的，应当在本章裁定会适用的期间内有效，但版税裁判官应当调整自愿协商确定的版税费率，以反映版税费率附加有效期间内的全国性通货膨胀情况。

第 10 章　数字音频录音设备和介质

A 节——定义

1001 条　*定义*

本章中下列用语的含义：

（1）"数字音频录音拷贝"，是指数字音乐录音的数字录音格式的复制件，不论该复制件是直接从另一份数字录音中录制或是间接从播送中录制。

（2）"数字音频接口设备"，是指为通过标准接口向数字音频录音设备传输数字音频信息和相关接口数据而专门设计的机器或设备。

（3）"数字音频录音设备"，是指通常向个人销售供个人使用的一类机器或设备，不论其是包含于其他机器或设备或是作为其他机器或设备的一部分，此类设备中设计或销售的数字录音功能主要用于制作供个人家庭使用的数字音频录音拷贝，而不是——

（A）专业型号的产品，和

（B）口授录音机、电话答录机和其他设计或销售主要目的为通过录制非音乐性声音而创作录音作品的音频录音装备。

（4）（A）"数字音频录音介质"，是指通常向个人销售供个人使用的一类物质载体，其主要销售目的或用户最广为使用的目的在于通过配合使用数字音频录音设备制作数字音频录音拷贝。

（B）数字音频录音介质不包括下列物品——

（i）在进口商或制造商首次发行时含有录音作品的物质载体；或

（ii）主要销售目的和用户最广为使用的目的在于制作电影

或其他视听作品的复制件，或者制作非音乐文字作品（包括计算机程序或数据库）的复制件的物质载体。

（5）（A）"数字音乐录音"是指——

（i）以数字录音格式只录制有声音的物质载体，如果有的话还得包括录制的声音附带的资料、声明或说明；和

（ii）直接或者间接借助于机器装置可以感知、复制或传播物质载体中的声音和资料。

（B）"数字音乐录音"不包括下列物品——

（i）录制的声音完全由诵读录音构成的物质载体；或

（ii）录制有计算机程序的物质载体，除非数字音乐录音包含构成录制的声音的声明或说明和附带资料，或包含直接或者间接用于对质载体中的声音和附带资料进行感知、复制或传播的声明或说明。

（C）本项中——

（i）"诵读录音"，是指只录制有一系列有声词句的录音作品，但有声词句附带有音乐或其他声音的除外；

（ii）"附带"，是指与之相关且经比较后相对不重要。

（6）"发行"，是指在美国境内向顾客出售、出租或让与产品，或为了向美国境内的顾客进行最终转让而在美国境内出售、出租或让与产品。

（7）"与著作权有利害关系者"是指——

（A）本法106条第（1）项规定的复制音乐作品的录音作品的专有权利的享有者，该音乐作品是已经包含在数字音乐录音或模拟音乐录音中，此类录音根据本法合法制作并已经发行；

（B）就数字音乐录音或模拟音乐录音中的音乐作品的复制享有法定权利者、权利受益者、或控制该权利者，该音乐作品包含在数字音乐录音或模拟音乐录音中，此类录音根据本法合法制作并已经发行；

（C）演奏已经发行的录音作品的主演录音艺术家；或

（D）符合下列条件的协会及其他组织——

(i) 代表（A）款（B）款或（C）款中规定的主体的；或

（ii）代表词曲作者和出版者向音乐使用者行使音乐作品许可权的。

（8）"制造"，是指在美国境内制作或装配产品。"制造商"是指进行制造者。

（9）"音乐发行人"，是指经授权的进行录音作品中的特定音乐作品复制许可的主体。

（10）"专业型号的产品"，是指根据商务部长通过条例设定的要求，为在合法业务的常规过程中供专业录音使用而设计、制造和销售的音频录音设备。

（11）"序列复制"，是指以数字格式从数字音乐录音的数字复制件中复制版权音乐作品或录音作品。"数字音乐录音的数字复制件"不包括为了向顾客销售而由著作权人授权发行的数字音乐录音。

（12）数字音频录音设备或数字音频录音介质的"转让价格"——

（A）应符合（B）款的规定——

（i）如果是进口产品，是指在美国海关的报关价格（不包括运费、保险费和关税）；和

（ii）如果是国内产品，是指制造商的转让价格（制造商的离岸价，不包括营业税或与销售相关的消费税）；以及

（B）转让者和受让人是相互关联的企业或同属一企业的，不应低于根据《1986年国内税收法》482条或该条的后续规定通过的条例中的原则确立的合理的独立企业间交易价格。

（13）"词曲作者"，是指特定音乐作品的作曲者或填词人。

B节——复制控制措施

1002条　复制控制措施的合并使用

（a）禁止进口、制造和发行——任何人进口、制造和发行数

字音频录音设备或数字音频接口设备的，应符合——

（1）序列复制管理系统；

（2）与序列复制管理系统具有相同功能特征的系统，该系统要求在采用该系统管理序列复制方法的设备和采用序列复制管理系统的设备之间准确发送、接收著作权及衍生状态的信息，并依照此类信息进行准确运作；或

（3）商务部长认证的其他用于禁止未授权的序列复制的系统。

（b）建立验证程序——商务部长应当确立根据利益相关者的申请验证特定系统是否符合（a）款第（2）项设定的标准的程序。

（c）禁止采用规避系统的措施——任何人不得进口、制造、发行、提供或运行主要用于避开、绕过、删除、停用或以其他方式规避能够使（a）款规定的系统全部或部分运行的程序或电路的设备。

（d）数字音乐录音信息的编码——

（1）禁止不准确的信息编码——任何人不得在录音作品的数字录音中编录与用于录音的原始资料的货物类别代码、著作权状态或衍生状态相关的不准确的信息。

（2）不要求对著作权状态进行编码——本法不要求进口或制造数字音乐录音者对在此类录音中的相关的著作权状态进行编码。

（e）与数字格式播送附随发送的信息——根据本章，向公众播送或以其他方式向公众传播数字格式的录音作品的，无需播送或以其他方式传输录音作品著作权状态的相关信息。但播送或以其他方式传输此类信息的，应当准确地播送或传输该信息。

C 节——版税支付

1003 条　支付版税的义务

（a）禁止进口和制造——除非对本条规定的通知进行备案并

随后交存 1004 条规定的设备或介质的清单或版税的，任何人不得进口和发行，或者制造和发行数字音频录音设备或数字音频录音介质。

（b）提交通知——就发行的同一类别的产品或使用的技术而言，制造商或进口商先前未根据本款提交通知的，数字音频录音设备或数字音频录音介质的进口商或制造商应当按照版权局局长在条例中规定的格式和内容提交涉及此类设备或介质的通知。

（c）提交季度或年度清单——

（1）一般规定——进口商或制造商发售其进口或制造的数字音频录音设备或数字音频录音介质的，应当以版权局局长在条例中规定的格式和内容向版权局局长提交通知以及版权局局长在条例中规定的与此类发售相关的季度和年度清单。

（2）认证、核查和保密——此类清单的准确性应当由授权的官员或制造商或进口商的负责人认证。版权局局长应当颁布条例以核查和审计此类清单并保护清单信息的秘密性。条例应当规定如何向利益相关者不公开披露清单。

（3）版税支付——此类清单应当附有 1004 条规定的版税支付情况。

1004 条　版税支付

（a）数字音频录音设备——

（1）应支付的数额——根据 1003 条，进口至美国境内并在美国境内发行或在美国境内制造发行的数字音频录音设备应支付的版税为该设备转让价格的 2％。只有此类设备的首次制造和发行者或进口和发行者需要支付与该设备相关的版税。

（2）与其他设备一同发行的数字音频录音设备版税数额的计算——就首次发行时与一件以上设备共同发行的数字音频录音设备而言，该设备与其他设备在物理上集成为一体的或作为单独的部分的，应支付的版税数额按照下列方法计算：

（A）数字音频录音设备与其他设备在物理上集成为一体的，

应支付的版税按照该设备整体的转让价格计算，但应当扣除集成在该整体内的非首次发行的数字音频录音设备应支付的版税。

(B) 数字音频录音设备并非与其他设备在物理上集成为一体的，大体上类似的设备已经在前 4 个日历季度单独发行的，应支付的版税按照前 4 个季度中此类设备的平均转让价格计算。

(C) 数字音频录音设备并非与其他设备在物理上集成为一体的，大体上类似的设备未在前 4 个日历季度单独发行的，应支付的版税按照此类设备占整体发行的设备中的价值比例推算出的价格计算。

(3) 版税限制——不管第 (1) 项和第 (2) 项如何规定，单件数字音频录音设备应支付的版税不能少于 1 美元但也不能高于版税的最高限额。单件设备的版税最高限额为 8 美元，但物理上集成为一整体的设备中包含一件以上数字音频录音设备的，版税最高限额为 12 美元。本章生效后的第 6 年以及此后的每 1 年内与著作权有利害关系者可以向版税裁判官提交一次旨在提高版税最高限额的申请，应支付的版税中超过相关最高限额的部分占版税的比例超过 20％的，版税裁判官应当可预期地提高最高限额以使版税中超过新的最高限额的部分占版税的比例不超过 10％。但是，不论如何，版税最高限额提高的比例不能超过审查期间中消费价格指数提高的比例。

(b) 数字音频录音介质——根据 1003 条，进口至美国境内并在美国境内发行或在美国境内制造发行的数字音频录音介质应支付的版税为该介质转让价格的 3％。只有此类介质的首次制造和发行者，或首次进口和发行者需要支付与该介质相关的版税。

1005 条 版税交存和费用扣除

版权局局长，应当收取根据本章需交存的所有版税，扣除版权局根据本章规定产生的合理成本后，应当按照美国财政部部长指定的方式将余款交存美国国库。美国财政部部长持有的全部资金，应当投资于有息的美国证券，随后在 1007 条的规定的条件下与利息一同分配。任何日历年结束后的 4 年，版权局局长可以酌情关闭与该历年对应的版税账户，并得将账户余额和后续存款一并转入下一日历年。

1006 条 获得版税的权利

（a）与著作权有利害关系者——应当按照 1007 条规定的程序，将根据 1005 条交存的版税分配给符合下面条件的与著作权有利害关系者——

（1）该主体的音乐作品或录音作品——

（A）被编入已经发行的根据本法合法制作的数字音乐录音或模拟音乐录音制品中；和

（B）在版税适用的期间内，以数字音乐录音或模拟音乐录音的形式发行，或通过节目播送向公众传播；和

（2）以及根据 1007 条规定提交了权利主张。

（b）集体间的版税分配——版税应当按照下列方法分为两笔基金：

（1）录音作品基金——版税的 $66\frac{2}{3}$ ％应当分为录音作品基金。录音作品基金的 2.625％应当存入由与著作权有利害关系者（1001 条第（7）项（A）目规定）和美国音乐家联合会（或其继受机构）共同指定的独立管理者管理的条件交付账户，以将该部分收入分发至美国境内发行的录音作品的非主演艺术家（不论其是否为美国音乐家联合会或其继受机构的成员）。录音作品基金的 1.375％应当存入由与著作权有利害关系者（1001 条第（7）项（A）目规定）和美国广播电视艺人联合会（或其继受机构）共同指定的独立管理者管理的条件交付账户，以将该部分收入分发至美国境内发行的录音作品的非主演歌唱家（不论其是否为美国广播电视艺人联合会或其继受机构的成员）。录音作品基金余额的 40％应当分配给 1001 条第（7）项（C）目规定的与著作权有利害关系者，余下的 60％应当分配给 1001 条第（7）项（A）目规定的与著作权有利害关系者。

（2）音乐作品基金——

（A）版税的 $33\frac{1}{3}$ ％应当分配为音乐作品基金，用于向 1001 条第（7）项（B）目规定的与著作权有利害关系者分配。

（B）（i）音乐发行人可以获得音乐作品基金的 50％。

（ii）词曲作者可以获得音乐作品基金剩余的 50％。

（c）集体内的版税分配——（b）款中规定的集体内的全体与著作权有利害关系者，未能就集体内部版税分配的自愿协商提议达成一致的，版税裁判官应当依照 1007 条（c）款的规定，在下列范围内分配相关期间内的版税——

（1）就录音作品基金而言，以数字音乐录音或模拟音乐录音的形式发行的录音作品；和

（2）就音乐作品基金而言，以数字音乐录音或模拟音乐录音的形式发行的音乐作品，或通过节目播送向公众传播的音乐作品。

1007 条　版税分配程序

（a）提交费用主张和协商——

（1）提交费用主张——每日历年的前 2 月，任何根据 1006 条有权获得版税的与著作权有利害关系者，得按照版税裁判官在条例中作出的格式和送达要求向版税裁判官提出支付上一年的版税的申请。

（2）协商——不论反垄断法如何规定，根据本条，1006 条规定的（b）款规定的集体内与著作权有利害关系者可以达成协议，按比例在他们之间分配版税，可以将他们的主张整合在一起联合提出申请或作为单独申请或指定一名共同代理（包括 1001 条第（7）项（D）目规定的组织）代表他们协商或收取费用，但根据本款达成的协议不能更改 1006 条（b）款规定的版税分配方式。

（b）不存在争议时版税的分配——在当年规定的根据（a）款提交费用主张的期间结束后，版税裁判官应当裁定，关于

1006 条（c）款中的版税的分配是否存有争议。版税裁判官裁定不存在争议的，自该裁定作出后的 30 日内，版税裁判官应当允许按照（a）款订立的协议中规定的版税分配方式分配版税，在分配版税前，国会图书馆馆长应当扣除合理的管理成本费用。

（c）裁定争议——版税裁判官裁定存在争议的，版税裁判官得根据本法第 8 章，启动程序以裁定如何分配版税。在程序未决期间，版税裁判官应当保留足够数额的费用，以满足全部的费用主张，但是，在可行的范围内，版税裁判官有权许可分配任何不属争端之列的金额。在分配版税前，国会图书馆馆长应当扣除合理的管理成本费用。

D 节——禁止特定侵权诉讼、救济和仲裁

1008 条　禁止特定侵权诉讼

因下列事由指控著作权侵权的，不能根据本法提起诉讼：制造、进口或发行数字音频录音设备、数字音频录音介质、模拟录音设备、或模拟录音介质的，或者用户为制作数字音乐录音或模拟音乐录音对此类设备或介质进行非商业使用的。

1009 条　民事救济

（a）民事诉讼——因违反 1002 条或 1003 条规定的行为而遭受损害的与著作权有利害关系者，得针对该行为的实行者在合适的美国联邦地方法院提起民事诉讼。

（b）其他侵权诉讼——因违法本章的行为而遭受损害者，得针对此类违反造成的实际损害在合适的美国联邦地方法院提起民事诉讼。

（c）法院的职权——在根据（a）款提起的诉讼中，法院——

（1）可以根据其认定的合理条件发出临时和永久禁令以防止或制止侵权行为；

（2）在违反 1002 条的规定或因未能支付 1003 条规定的版税而造成损害的案件中，可以根据（d）款判决损害赔偿金；

（3）在针对美国政府或其官员以外的诉讼中，可以酌情确定诉讼费用由原告或被告承担；以及

（4）酌情判给胜诉方合适的律师费。

（d）损害赔偿金的判定——

（1）违反 1002 条或 1003 条的损害赔偿金——

（A）实际损害赔偿金——

（i）在根据（a）款提起的诉讼中，法院查明违反 1002 条或 1003 条的情形属实，在最终判决作出前起诉方选择实际损害赔偿金的，法院应当判给起诉方实际损害赔偿金。

（ii）违反 1003 条的，实际损害赔偿金应当由根据 1004 条支付并应根据 1005 条交存的版税构成。在此类案件中，法院得酌情判定额外款额，但该款额不能超过实际损害赔偿金的 50％。

（B）违反 1002 条的法定赔偿金——

（i）设备——法院认为公平时，可以判定原告就每一涉及违反 1002 条（a）款或（c）款的设备，或就每一实行了 1002 条（c）款禁止的业务的设备，获得不超过 2 500 美元的法定赔偿金。

（ii）数字音乐录音——法院认为公平时，可以判定原告就每一涉及违反 1002 条（d）款的数字音乐录音获得不超过 25 美元的法定赔偿金。

（iii）播送——法院认为公平时，可以判定原告就每一违反了 1002 条（e）款的播送或传播获得不超过 1 万美元的赔偿金。

（2）累犯——法院查明，违反 1002 条或 1003 条规定的主体在最终判决作出后的 3 年内，又违反 1002 条或 1003 条规定的，法院认为公平时，可以提高根据第（1）项判定的赔偿金的数额，但不能高于原应判定数额的 2 倍。

（3）非故意违反 1002 条——法院查明违反者不知晓并没有理由相信其行为违反了 1002 条的，可以酌情减少针对违反 1002 条者作出的赔偿金，但不能低于 250 美元。

（e）赔偿金的支付——应当按照 1005 条的规定，将根据（d）款判定的赔偿金向版权局局长交存并依照 1003 条有关版税的规定在与著作权有利害关系者间分配该赔偿金。

（f）物品的扣押——（a）款的诉讼待决期间，法院有合理理由相信被主张违反者未遵守 1002 条的规定或违反 1002 条规定的，可以依照其认为合适的条件命令扣押由涉嫌违反者保管或控制的数字音频录音设备、数字音乐录音或 1002 条（c）款规定的设备。

（g）补救性的物品修改和销毁——在根据（a）款提起的诉讼中，作为对违反 1002 条的行为作出最终判决或裁定的一部分，法院可以命令对下列数字音频录音设备、数字音乐录音或 1002 条（c）款规定的设备做救济性的修改或销毁——

（1）不符合 1002 条的规定或违反 1002 条规定的；且

（2）由违反者保管或控制或已根据（f）款的规定被扣押的。

1010 条　特定争议的裁定

（a）裁定的范围——自数字音频录音设备或数字音频接口设备在美国境内首次发行之日前，此类设备的制造商、进口商或发行商和与著作权有利害关系者可以协商同意后向版税裁判官申请裁定此类设备是否符合 1002 条的规定或裁定 1003 条规定中此类设备应当交付版税的依据。

（b）程序的启动——（a）款规定的各方应当向首席版税裁判官提交请求开始程序申请。自收到申请的两周内，首席版税裁判官应当在《联邦公报》上公布启动程序的通知。

（c）诉讼程序的中止——根据程序一方的申请，程序完成前得中止依照 1009 条对程序一方提起的民事诉讼。

（d）程序——版税裁判官应当根据其得以采用的程序，就相关事项组织程序。各方应当向版税裁判官提交相关的信息和申请。版税裁判官应当按照全部备有证明文件的书面记录裁决。各方应当各自承担参加程序的费用。

数字音频录音设备和介质

　　(e) 司法审查——根据本法 803 条（d）款的规定，程序一方可对（d）款中版税裁判官作出的裁定提出上诉。上诉未决的，不能中止版税裁判官作出的裁定。上诉法院更改了版税裁判官的裁定的，法院有权作出自己的决定。法院还可以撤销版税裁判官的裁定并将根据本条上诉的案件发回重审。

第 11 章　录音作品和音乐视频

1101 条　未经授权录制和贩卖录音作品和音乐视频

（a）未经授权的行为——未经相关表演者（们）同意——

（1）将现场演奏的声音或声音及影像固定于复制件或录音制品中，或从未经授权的固定物中制作此类表演的复制件或录音制品；

（2）播送或以其他方式向公众传播现场演奏的声音或声音及影像；或

（3）分发或提供分发，出售或提供出售，出租或提供出租或贩卖以第（1）项的方式录制的复制件或录音制品，不论该录制行为是否发生在美国境内，都同著作权侵权者一样，适用 502 条至 505 条规定的救济。

（b）定义——本条中，术语"贩卖"是指以任何有价值的事物作为对价，运输、转让或以其他方式向另一主体处置，或者为运输、转让或处置而制造或获得控制。

（c）适用——本条适用于自《乌拉圭回合协定法》施行之日起发生的任何行为。

（d）州法不被取代——本条的任何内容，不得作废除或限制州制定法或普通法中规定的权利或救济的解释。

第 12 章　著作权保护和管理制度

1201 条　规避著作权保护机制

（a）不得规避技术措施——（1）（A）任何人不得避开能有效控制受本法保护作品的获得的技术措施。前句规定的禁令自本章颁布之日起 2 年后生效。

（B）根据（C）目的规定，实施禁令后，在紧接着的 3 年期间内根据本法非侵权使用特定类别作品的能力受到或很有可能受到不利影响的，（A）目中规定的禁令不适用于此类特定类别版权作品的用户。

（C）在（A）目规定的 2 年期间内以及此后的每 3 年期间内，国会图书馆馆长应当根据版权局局长的建议（版权局局长应当与商务部电信和信息助理部长进行商议，并报告助理部长关于建议的观点和评论），在规则制定程序中依照（B）目的目的对特定主体是否会因（A）目中规定的禁令的实施而使其在紧接着的 3 年期间内根据本法非侵权使用特定类别版权作品的能力受到或很有可能受到不利影响作出裁定❶。在实施此类规则制定的过

---

❶　根据本条的授权，美国国会图书馆馆长分别于 2000 年、2003 年、2006 年和 2010 年 4 次颁布了符合（B）款目的的特定类别作品。2010 年 7 月 26 日，国会图书馆馆长 James H. Billington 规定了针对 6 类作品实施规避技术措施的行为可以免责。

（1）合法制作并获得的、受内容加扰系统保护的 DVD 中的电影，实施规避措施只是为了能够将电影的小部分编入新的作品而实现批评或评论的目的，同时，实施规避措施者认为并有合理的理由相信规避措施为满足上述情况中的使用所必需：(i) 学院和大学电影与媒体研究专业的（转下页）

程中，国会图书馆馆长应当对下列事项进行审查——

（i）获得版权作品使用的可能性；

（ii）以非营利存档、保存和教育目的获得作品使用的可能性；

（iii）禁止规避版权作品采用的技术措施后，对批评、评论、新闻报道、教学、学术或研究的影响；

（iv）规避技术措施对版权作品市场或价值的影响；和

（v）国会图书馆馆长认为适当的其他事项。

（D）国会图书馆馆长在根据（C）目实施的规则制定中裁定，特定版权作品的用户非侵权使用该版权作品的能力受到或很

（接上页）教授或学生教育性的使用；（ii）制作纪录片；（iii）非商业性视频。

（2）使无线电话手机能够运行应用软件的计算机程序，实施规避措施只是为了实现合法获得的应用软件与无线电话手机中该计算机程序的互用性。

（3）固件或软件形式的计算机程序，此类程序使得原来使用的无线电话手机能够接入无线通信网络，规避措施应当由计算机程序复制件的所有者发起，其目的仅在于接入无线通信网络，且接入行为是经由网络运营者授权的。

（4）个人计算机中可获得的视频游戏，由控制接触作品的技术措施保护，实施规避措施只是为了善意测试、查找或弥补安全缺陷或漏洞，且满足下列条件：

（i）从安全测试中获得的信息，主要用于增强拥有者或操作者的计算机、计算机系统或计算机网络的安全性；和

（ii）从安全测试中获得的信息的使用或保存方式不帮助实施著作权侵权或违反其他可适用的法律。

（5）受过时的加密狗保护的计算机程序，该程序因加密狗发生故障或遭受损坏而无法获得。加密狗已经停产或无法在市场上合理获得其替代品或对其进行维修的，该加密狗得视为已经过时。

（6）以电子书格式发行的文字作品，该作品的全部现行电子书版本（包括由获得授权者提供的数字文档版本）中包含控制获得作品的技术措施，该措施能够阻止电子书的朗读功能或阻止屏幕阅读器将文档转化为特定格式。

有可能受到不利影响并且在紧接着的 3 年期间内（A）目规定的禁令不适用于此类作品的上述用户的，应当将此种类别的版权作品予以公布。

（E）（B）目条件下的适用（A）目禁令的例外或根据（C）目的规则制定程序作出的裁定，都不得作为对实施本法（本项除外）规定的行为的抗辩。

（2）任何人不得制造、进口或者向公众提供、供应或者以其他方式贩卖符合下列条件的技术、产品、服务、装置、零件或其部件——

（A）设计或生产的主要目的是为了避开能有效控制获得本法保护作品的技术措施；

（B）除用于避开能有效控制获得本法保护的作品的技术措施外，只具有有限的商业意义上的功能或用途；或

（C）由知道用于避开能有效控制获得本法保护作品的技术措施的特定主体销售或配合该特定主体销售。

（3）本款中——

（A）"规避技术措施"，是指未经著作权人授权对加扰的作品进行解扰、对加密的作品进行解密或以其他方式回避、绕过、移除、停用或破坏技术措施；

（B）技术措施能"有效控制获得作品"，是指在技术措施正常运行时要获得作品需要使用经著作权人授权的信息、程序或方法。

（b）违反的补充规定——（1）任何人不得制造、进口或者向公众提供、供应或者以其他方式贩卖符合下列条件的技术、产品、服务、装置、零件或其部件——

（A）设计或生产的主要目的是为了避开能有效保护本法赋予著作权人就作品或作品一部分享有的权利的技术措施；

（B）除用于避开能有效保护本法赋予著作权人就作品或作品一部分享有的权利的技术措施外，只具有有限的商业意义上的功能或用途；或

（C）由知道用于避开能有效保护本法赋予著作权人就作品或作品一部分享有的权利的技术措施的特定主体销售或配合该特定主体销售的。

（2）本款中——

（A）"避开技术措施的保护"是指回避、绕过、移除、停用或以其他方式破坏技术措施；和

（B）技术措施"有效保护本法赋予著作权人的权利"，是指在技术措施正常运行时能够阻止、制止或限制本法赋予著作权人的权利的实行。

（c）其他权利等不受影响——（1）本条不影响本法赋予的与著作权侵权相关的权利、救济、限制或抗辩，包括合理使用。

（2）本条不扩大或减少与技术、产品、服务、装置、零件或其部件相关的著作权侵权的代理责任或帮助责任。

（3）部件或零件或集成有此类部件或零件的产品不属（a）款第（2）项和（b）款第（1）项禁止范围的，本条不要求改动电子消费产品、电信或计算机产品的设计或此类产品的部件和零件的设计和选配以回应特定技术措施。

（4）本条不扩大或减少使用电子消费产品、电信或计算机产品进行的自由言论或新闻舆论中的任何权利。

（d）非营利性图书馆、档案馆和教育机构的免责——（1）仅为善意判断是否需要作品的复制件而获取商业开发的版权作品的，非营利性图书馆、档案馆和教育机构只为上述目的从事本法允许的行为不违反（a）款第（1）项（A）目。根据本项获得的版权作品——

（A）保留的时间不得超过作出善意判断所必需的时间；且

（B）不得用于其他目的。

（2）第（1）项规定的免责仅在以其他方式无法合理获得作品的复制件时适用。

（3）为牟取商业利益或经济收益，非营利性图书馆、档案馆和教育机构故意违反第（1）项的——

（A）初次违反时，应当受到 1203 条救济的规制；

（B）多次违反或再次违反时，除应受到 1203 条救济的规制外，还应该取消其根据第（1）项享有免责的资格。

（4）本款不能作为对根据（a）款第（2）项或（b）款提出的主张的抗辩，也不得允许非营利性图书馆、档案馆和教育机构制造、进口或者向公众提供、供应或者以其他方式贩卖规避技术措施的技术、产品、服务、装置、零件或其部件。

（5）为使图书馆或档案馆能够适用本款规定的免责，图书馆或档案馆的馆藏应当——

（A）向公众开放；或

（B）既供图书馆和档案馆以及此类机构的附属研究所中的研究者使用，也供特定领域的其他研究人员使用。

（e）法律实施、情报工作和其他政府活动——本条不禁止美国、州或州的行政区域的官员、代理人、雇员或者根据与美国、州或州的行政区域签订的合同活动的主体进行的合法授权的调查、保护、信息安全或情报活动。根据本条，"信息安全"是指为了识别出政府计算机、计算机系统或计算机网络的漏洞而实施的活动。

（f）反向工程——（1）不论（a）款第（1）项（A）目如何规定，为了实现独立创作的计算机程序与其他程序的互用性而识别和分析程序的必要部分，并且该部分先前不能为实施规避行为者轻易获得的，合法获得计算机程序使用权的主体可以避开能有效控制该部分获得的技术措施，此种程度上的识别和分析行为不构成本法意义上的侵权。

（2）不管（a）款第（2）项和（b）款如何规定，为实现互用性必须采用技术手段时，以实现第（1）项规定的识别和分析或以实现独立创作的计算机程序与其他程序的互用性为目的，可以开发并使用技术手段以避开技术措施，或避开技术措施提供的保护，在此限度内进行上述行为不构成本法意义上的侵权。

（3）根据情况，以实现独立创作的计算机程序与其他程序的互用性为目的，第（1）项或第（2）项中的主体可以将通过第（1）项允许的行为以及第（2）项允许的措施获得的信息提供给第三人，在此限度内进行上述行为不构成本法意义上的侵权，也不违反除本条外可适用的法律。

（4）本款中，"互用性"是指计算机程序间交换信息并互相使用经交换的信息的能力。

（g）加密研究——

（1）定义——本款中——

（A）"加密研究"，是指识别和分析应用于版权作品的加密技术存在的缺陷和漏洞所必须的活动，但此类活动只能是为了增进加密技术领域的知识或辅助加密产品的研发；

（B）"加密技术"，是指使用数学公式或数学演绎法对信息进行加扰和解扰。

（2）可允许的加密研究——不管（a）款第（1）项（A）目如何规定，如符合下列条件，在善意的加密研究中避开应用于已出版作品的复制件、录音制品、表演或展示的技术措施的，不违反（a）款的有关规定——

（A）加密的已出版作品的复制件、录音制品、表演或展示是合法获得的；

（B）此类活动是实施加密研究所必需的；

（C）避开技术措施前，作出过诚意努力以获得授权；

（D）此类活动不构成本法意义上的侵权，也不违反除本条外可适用的法律，包括《美国联邦法典》第 18 编 1030 条以及该编中由《1986 年反计算机欺诈和滥用法》修正的相关规定。

（3）裁定免责时需考虑的因素——裁定特定主体是否符合第（2）项的免责时，应当考虑下列因素——

（A）是否传播了从加密研究中获得的信息，如果传播了该信息，则需考虑是否以合理的事先计划好的能够增进知识或促进加密技术研发的方式传播了该信息，与此相对，还需考虑传播方式是否能够帮助侵犯本法中的权利或违反除本条外的其他可适用的法律，包括侵犯隐私或破坏安全；

（B）在加密技术领域，该主体是否从事合法的研究、是否从事过此类工作或接受过适当的培训或具有经验；以及

（C）是否向采用了技术措施的作品的著作权人提供了与研究的发现和文件相关的通知，以及提供通知的时间。

（4）在研究活动中使用技术手段——不论（a）款第（2）项如何规定，从事下列行为的主体不违反该款规定——

（A）为了进行第（2）项规定的善意加密研究，研发采用技术手段避开技术措施的；以及

（B）为了进行第（2）项规定的善意加密研究，向与其合作研究者提供技术手段，或者为了合作研究者验证该研究者进行的第（2）项规定的善意加密研究而向其提供技术手段。

（5）向国会报告——本章实施之日起的1年内，版权局局长应当与商务部电信和信息助理部长一道向国会提交报告，以说明本款对下列事项产生的效果——

（A）加密研究和加密技术的发展；

（B）旨在保护版权作品的技术措施是否充分和有效；以及

（C）针对未经授权获取加密版权作品的行为而对著作权人采取的保护。

如果有的话，报告中还应当包括立法建议。

（h）与未成年人相关的例外——在对零件或部件适用（a）款时，法院可以考虑下列条件下技术、产品、服务或设备中准备或实际集成该零件或部件的必要性——

（1）本身不违反本法规定；

（2）只用于阻止未成年人获得网上资料。

（i）个人身份信息的保护——

（1）允许的规避行为——不论（a）款第（1）项（A）目如何规定，如具有下列情形，避开能有效控制受本法保护作品获得的技术措施的，不违反该款——

（A）技术措施或其保护的作品具有收集或传播能够显示试

图获得该受保护作品的自然人的网上活动个人信息的功能；

（B）正常运行时，技术措施或其保护的作品收集或传播试图获得该受保护作品的自然人的个人信息，但不向该自然人提供存在收集或传播的显著通知，也不使其具备阻止或制止收集或传播的能力；

（C）规避行为只能够识别并停用（A）款规定的功能，对任何人获得作品的能力没有影响；

（D）实施规避行为只是为了阻止收集或传播试图获得该受保护作品的自然人的个人身份信息，同时该行为没有违反其他法律。

（2）不能适用本款的特定技术措施——本款不适用于不收集或不传播个人身份信息并向使用者披露不具有或不使用此功能的技术措施或其保护的作品。

（j）安全测试——

（1）定义——本款中，"安全测试"是指经计算机、计算机系统或计算机网络的拥有者或操作者授权，只为善意测试、查找或弥补安全缺陷或漏洞而接入计算机、计算机系统或接入计算机网络。

（2）可允许的安全测试——不论（a）款第（1）项（A）目如何规定，测试活动不构成本法意义上的侵权也不违反除本条外可适用的法律的，包括《美国联邦法典》第18编1030条以及该编中由《1986年反计算机欺诈和滥用法》修正的相关规定的，进行安全测试的主体不违反该款规定。

（3）裁定免责时需考虑的因素——裁定特定主体是否符合第（2）项的免责时，应当考虑下列因素——

（A）从安全测试中获得的信息是否只是用于增强拥有者或操作者的计算机、计算机系统或计算机网络的安全性，或直接同该计算机、计算机系统或计算机网络的研发者分享；和

（B）从安全测试中获得的信息是否以不帮助侵犯本法中的权利或不帮助违反除本条外的其他可适用的法律（包括侵犯隐私

或破坏安全）的方式使用或保存。

（4）在安全测试中使用技术手段——不论（a）款第（2）项如何规定，只为进行第（2）项规定的善意安全测试，研发、制造、发行或采用技术手段不违反（a）款规定，只要该技术手段不违反（a）款第（2）项的规定。

（k）特定的模拟设备和特定的技术措施——

（1）特定的模拟设备——

（A）本规定自本章颁布之日起的 18 个月后生效，任何人不得制造、进口、向公众提供、供应或以其他方式贩卖下列物品——

（i）VHS 格式的模拟盒式录像机，但此类录像机符合自动增益控制复制限制技术的除外；

（ii）8mm 格式的模拟盒式摄像机，但此类摄像机符合自动增益控制技术的除外；

（iii）Beta 格式的模拟盒式录像机，除非此类录像机符合自动增益控制复制限制技术的除外，但本句中的要求仅在本章颁布后的任一日历年中，美国境内 Beta 格式的模拟盒式录像机销量达到 1 000 台后适用；

（iv）不是模拟盒式摄像机的 8mm 格式的模拟盒式录像机，除非此类录像机符合自动增益控制复制限制技术的除外，但本句中的要求仅在本章颁布后的任一日历年中，美国境内 8mm 格式的模拟盒式录像机销量达到 2 万台后适用；或

（v）条文（i）至条文（iv）中未包含的使用 NTSC 制式视频输入记录的模拟盒式录像机，除非此类录像机符合自动增益控制复制限制技术的除外。

（B）自本章颁布之日起生效，任何人不得制造、进口、向公众提供、供应或以其他方式贩卖——

（i）VHS 格式的模拟盒式录像机或 8mm 格式的模拟盒式录像机，如果生效之日后此类录像机的模型设计作出修改的，并导致原先符合自动增益控制复制限制技术的模型不再符合该技

术；或

（ii）不是 8mm 格式的模拟盒式摄像机的 8mm 格式的模拟盒式录像机或 VHS 格式的模拟盒式录像机，如果生效之日后此类录像机的模型设计作出修改的，并导致原先符合四线彩条复制限制技术的模型不再符合该技术；或

自本章颁布之日起，事先未制造或销售过 VHS 格式的模拟盒式录像机或 8mm 格式的模拟盒式录像机的制造商制造此类录像机的，应当使得此类录像机的初始模型符合四线彩条复制限制技术，并在此后继续符合该技术。本目中，模拟盒式录像机符合四线彩条复制限制技术是指，在通常的观看模式下通过回放功能回放录像机记录的信号，相应的显示设备中放映该信号时显示出的可视图片部分含有混乱的粗实线。

（2）特定加密的限制——除非复制符合下列条件，任何人不得采用自动增益控制复制限制技术或彩条复制限制技术以阻止或限制用户进行复制——

（A）对已为播送交纳费用的公众成员选择的实况事件或视听作品的单一播送或组播进行的复制，本句中的选择包括选择播送的内容或（和）接受此类节目的时间；

（B）从实况事件或视听作品的播送的复制件中复制，如果此类播送是由特定频道或服务提供，并且公众成员以点播费的形式交纳费用后有权接收该频道或服务中包含的所有节目。

（C）从含有一份或多份事先录好的视听作品的物质载体中复制；或

（D）从（A）目规定的播送的复制件或（C）目规定的物质载体中录制的复制件中进行复制。播送同时符合（A）目和（B）目规定的，视为符合（A）目规定。

（3）不适用——本款不能——

（A）就通过摄影镜头接收的视频信号而言，要求模拟盒式摄像机符合自动增益控制复制限制技术；

（B）适用于制造、进口、公开销售、提供或以其他方式贩

卖专业模拟盒式录像机的情形；或

（C）适用于许诺销售、提供、或贩卖二手模拟盒式录像机，如果此类录像机首次制造和销售时是合法的，此后也未作出违反第（1）项（B）目的改动。

（4）定义——本款中

（A）"模拟盒式录像机"，是指以模拟格式在磁带中记录电视节目、电影、或其他格式的视听作品的视频和音频部分产生的电子脉冲的设备或具有上述功能的设备。

（B）"模拟盒式摄像机"，是指具有记录功能并通过摄影机镜头和可与电视机或其他视频回放设备连接的视频输入进行操作的模拟盒式录像机。

（C）模拟盒式录像机符合自动增益控制复制限制技术是指——

（i）检测到此技术的一个或多个要素后，不再记录该技术保护的电影或播送；或

（ii）回放记录的信号时，放映出的是特意失真或降级的画面。

（D）"专业模拟盒式录像机"，供通常将设备用于合法的商业或工业用途的主体使用而设计、制造、销售的模拟盒式录像机，包括以商业规模制作、表演、展示、发行或播送电影的复制件。

（E）"VHS格式"、"8mm格式"、""Beta格式"、"自动增益控制复制限制技术"、"彩条复制限制技术"、"四线彩条复制限制技术"和"NTSC制式"含义与本章颁布时电子消费和电影行业中对此类概念的通常理解一致。

（5）违反规定——违反本款第（1）项的与违反本条（b）款第（1）项的处理方式一致。违反本款第（2）项的应该被认定为是本章1203条（c）款第（3）项（A）目规定的规避行为。

1202条 著作权管理信息的完整性

（a）虚假著作权管理信息——任何人不得故意并以引诱、实

现、帮助或掩盖侵权为目的——

（1）提供虚假的著作权管理信息，或

（2）为了传播虚假著作权管理信息而实施发行或进口行为。

（b）移除或改动著作权管理信息——未经著作权人或法律授权，任何人不得——

（1）故意移除或改动著作权管理信息，

（2）知道著作权管理信息被未经著作权人或法律授权的移除或改动的，为了传播虚假著作权管理信息而实施发行或进口行为，或

（3）知道著作权管理信息未经著作权人或法律授权移除或改动的，或就1203条规定下的民事救济而言，知道或有合理的理由应当知道会引诱、实现、帮助或掩盖侵犯本法权利的行为的，为了传播而实施发行、进口或公开表演作品、作品的复制件或录音制品。

（c）定义——本条中，"著作权管理信息"是指包括数字形式在内的作品的复制件或录音制品或作品的表演或展示中包含的下列信息，但不包括使用作品或作品的复制件、录音制品、表演或展示的用户的个人身份信息：

（1）标题和其他标识作品的信息，包括著作权标记中的信息。

（2）姓名（名称）和其他表明作者身份的信息。

（3）姓名（名称）和其他能够表明著作权人身份的信息，包括著作权标记中的信息。

（4）除广播电台和电视台进行的公开表演外，作品中固定的表演的表演者的姓名和其他表明这些人身份的信息，作品为视听作品的除外。

（5）如果作品为视听作品的，除广播电台和电视台进行的公开表演外，作品中含有的词曲作者、表演者或导演的姓名和其他表明这些人身份的信息。

（6）作品使用的条件和要求。

（7）与此类信息相关或与其链接的编号或记号。

（8）版权局局长通过条例规定的其他信息，但版权局局长不能要求提供与版权作品用户有关的其他信息。

（d）法律实施、情报和其他政府活动——本条不禁止美国、州或州的行政区域的官员、代理人、雇员或者根据与美国、州或州的行政区域签订合同的主体进行的合法授权的调查、保护、信息安全或情报工作。本条中，"信息安全"是指为了识别找出政府计算机、计算机系统或计算机网络的漏洞而实施的活动。

（e）责任限制——

（1）模拟播送——如果是模拟播送，如符合下列条件，有能力进行播送的电视台、有线电视系统或向此类电视台或系统提供节目的主体不承担违反（b）款的责任——

（A）对该主体而言，避开构成违反规定的行为在技术上不可行，或会给其造成不合理的经济负担；且

（B）该主体并非为引诱、实现、帮助或掩盖侵犯本法权利的行为而故意从事此类活动。

（2）数字播送——（A）与特定类别作品的著作权管理信息放置有关的数字播送标准，已由电视台或有线电视系统的主要代表与该类作品的著作权人参加的协商标准制定程序确定的，如符合下列条件，第（1）项中的主体根据此类标准放置特定著作权管理信息的，不承担违反（b）款的责任——

（i）由他人而非该主体放置此类信息不符合上述标准；且

（ii）违反规定的行为并非为了引诱、实现、帮助或掩盖侵犯本法权利的行为。

（B）除非根据（A）目，有关特定类别作品的著作权管理信息放置的数字播送标准业已制定，否则，如果构成违反规定的行为并非为了引诱、实现、帮助或掩盖侵犯本法权利的行为的，且同时符合下列条件，第（1）项中的主体不承担与著作权管理信息有关的违反（b）款的责任——

（i）由该主体播送此类信息会导致数字信号在画面和声音方

面出现可察觉的退化；或

（ii）由该主体播送此类信息会和下列事项相抵触——

（I）与使用数字信号播送信息有关的可适用的政府条例；

（II）本章生效前，协商标准制定主体采用的与使用数字信号播送信息有关的可适用的全行业的标准；或

（III）由电视台或有线电视系统的主要代表和特定类别作品的著作权人参加的协商标准制定程序所采用的，与使用数字信号播送信息有关的可适用的全行业标准。

（3）定义——本款中——

（A）"电视台"的定义由《1934 年电信法》第 3 条（《美国联邦法典》第 47 编 153 条）给出；

（B）"有线电视系统"的定义由《1934 年电信法》602 条（《美国联邦法典》第 47 编 522 条）给出。

1203 条　民事救济

（a）民事诉讼——因违反 1201 条或 1202 条的行为而遭受损害者，得针对该侵害行为在合适的美国联邦地方法院提起民事诉讼。

（b）法院的职权——在根据（a）款提起的诉讼中，法院——

（1）可以根据其认定的合理条件发出临时和永久禁令以防止或制止侵权行为，但是，在任何情况下都不能对宪法第一修正案保护的言论自由或出版自由进行事先限制；

（2）诉讼未决期间，法院有合理理由相信设备或产品涉及违反行为的，可以依照其认为合适的条件命令扣押由涉嫌违反者保管或控制的设备或产品；

（3）可以判决（c）款规定的损害赔偿金；

（4）如果是针对美国政府或其官员以外的诉讼，可以要求原告或被告承担诉讼费用；

（5）可以酌情判给胜诉方合理的律师费；和

（6）可以在其最终判决或裁定中作出裁决，命令对根据第（2）项已被扣押的涉嫌违反者保管或控制的涉及违反行为的设备或产品进行救济性修改或销毁。

（c）损害赔偿金的判定——

（1）一般规定——除非本法另有规定，违反 1201 条或 1202 条者需承担下列赔偿金——

（A）第（2）项规定的实际损害赔偿金和侵权者的利润，或

（B）第（3）项规定的法定赔偿金。

（2）实际损害赔偿金——在最终判决作出之前，权利主张方选择实际赔偿金的，法院应当判给权利主张方因违反行为而遭受的实际损害的赔偿金，同时，违反者因违反而获得的利润不算在实际赔偿金内。

（3）法定赔偿金——

（A）在最终判决作出之前，法院认为公平的，权利主张方可以选择在 200 美元至 2 500 美元范围内，就每一规避行为、设备、产品、部件、提供或进行服务的行为，主张违反 1201 条行为的法定赔偿金。

（B）在最终判决作出之前，权利主张方可以选择在 2 500 美元至 25 000 美元范围内就每一违反 1202 条行为主张法定赔偿金。

（4）累犯——在受害者已经举证证明后，法院查明因违反 1201 条或 1202 条规定而对侵权者作出最终判决后的 3 年内，同一侵权者又违反了 1201 条或 1201 条规定的，法院认为公平的，可以提高原应判定的赔偿金的数额，但最多是原应判定数额的 3 倍。

（5）非故意违反——

（A）一般规定——违反者举证证明其不知晓并没有理由相信其行为违反了 1201 条或 1202 条的，法院查明后可以酌情减少或免除针对违反者作出的全部赔偿金的判赔。

（B）非营利图书馆、档案馆、教育机构或公共广播机构——

（i）定义——本目中，"公共广播机构"的定义由 118 条

（f）款给出。

（ii）一般规定——在非营利图书馆、档案馆、教育机构或公共广播机构举证证明其不知晓并没有理由相信其行为违反了1201 条或 1202 条规定的案件中，法院查明后，可免除非营利图书馆、档案馆、教育机构或公共广播机构的赔偿金。

1204 条　刑事犯罪和处罚

（a）一般规定——为了商业利益或私人经济收益，任何主体故意违反 1201 条或 1202 条的——

（1）初次犯罪的，应当单处或并处以不超过 50 万美元的罚金或不超过 5 年的有期徒刑；和

（2）重犯的，应当对再犯行为单处或并处不超过 100 万美元的罚金或不超过 10 年的有期徒刑。

（b）非营利图书馆、档案馆、教育机构或公共广播机构的责任限制——（a）款不适用于非营利图书馆、档案馆、教育机构或公共广播机构（根据 118 条（f）款的定义确定）。

（c）追诉期限——根据本条的刑事诉讼必须在诉由发生后的 5 年内提起，否则不能成立。

1205 条　保留条款

本章的任何内容不废除、减少或削弱联邦法律或州法律关于禁止侵犯互网络使用者的个人隐私的规定；在根据这些规定提起的刑事或民事诉讼中，本章规定也不能作为抗辩事由或减轻因素。